JN439020

기다림, 나의 고도는

기다림, 나의 고도는

2011년 12월 10일 1판 1쇄 발행

지은이 · 〈이음새〉 에세이문학회 | 발행인 · 이선우
펴낸곳 · 도서출판 선우미디어
등록 | 1997. 8. 7 제300-1997-148호
110-070 서울시 종로구 내수동 75 용비어천가 1435호
☎ 2272-3351, 3352 팩스: 2272-5540 sunwoome@hanmail.net

값 10,000원

ISBN 978-89-5658-297-2 03810

기다림,
나의 고도는

〈이음새〉 에세이문학회 아홉 번째 글모음

선우미디어 sunwoomedia

차례

이명재

rheemj@cau.ac.kr

1977년 동아일보 신춘문예에 김소월재론으로 등단
한국문협 평론분과회장, 평론가협회 부회장 등 역임
중앙대와 경희대 대학원 한국어문학 전공, 문학박사
중앙대 문과대학장 역임, 현재 위 대학 명예교수
이음새에세이문학회 지도교수

독서의 계절에

한여름의 무더위와 지루했던 장마가 끝나고 어느덧 추석연휴도 지났다. 이제 서늘한 가을기운과 더불어 완연한 독서의 계절이다. 일찍이 당송팔대가의 한 사람인 한유(퇴지)가 그의 아들(창)에게 책 읽기를 권했다는 고사도 새롭게 떠오른다. 예의 '부독서성남시'에서 든 '등화가친'이란 숙어와 함께이다. 문화인은 늘 책과 친하게 지내야 마땅함에도 이맘때쯤이면 으레 낯 뜨겁게 연례적으로 행해지던 독서주간 행사는 거두어져서 다행이지만.

'한 나라의 과거를 보려면 박물관에 가 보고 현실을 보려면 시장에 가 보고 미래를 보려거든 도서관에 가 보라'는 격언이 생각난다. 그 나라의 과거 문화나 현재의 사회상은 물론이요 앞을 파악하는 방법을 이른 것이다. 여기에서 도서관 시설과 국민들의 책 읽는 자세가, 한 국가의 문화나 장래를 재는 척도란 의미이다. 우리는 다시 찾아든 이 계절에 이 뜻을 찬찬히 음미해 보아야 할 것 같다.

그렇다면 과연 우리의 실상은 어떤가를 살펴보자. 요즈음 도서관 인식이나 그 활용 수준 및 독서 환경은 어느 정도인가? 인접한 도서관의 정보 자료량, 사서 인력, 도서관 건물, 그리고 이용자 현황 등. 우리 고장에는 도서관이 몇 개이며 당신은 한 달에 몇 권쯤의 책을 읽는가? 적어도 정치, 경제에 치우친 요즘 세태에는 여러 가지로 궁금한 사항이 적지 않다. 해당 지자체는 모름지기 문화향수기관으로서의 도서관 역할을 제대로 운영하는 것일까. 그리고 주민 각자는 체계화된 지식집약의 공간인 도서관을 얼마나 이용하는 것일까.

우리는 흔히 책 속에 길이 있다고 들어 왔다. "하루라도 독서를 거르면 입에 가시가 돋는다(一日不讀書口生荊)."는 뜻을 담은 안중근 의사의 휘호도 눈에 선하다. "책은 인생의 험준한 바다를 항해하는데 도움 되는 나침반이고 망원경이며 측량기(육분의)인 동시에 도표"라고 말한 베네트의 견해 또한 참고가 된다. "사람은 음식물로 체력을 키우듯 독서로서 정신력을 키워낸다."는 쇼펜하우어의 말 역시 실용적인 진리이다. 약으로 병을 고치듯이 독서로 마음을 다스린다는 카이사르의 주장도 마찬가지이다. 우리 건강에 음식물과 운동이 필요하듯 독서는 현대인에게 필요한 마음의 양식인 것이다.

그렇다면, 우리 고장의 도서관 운용이나 주민들의 활용과 독서 의식은 어떠한지 살펴보자. 해당 지역에는 공공도서관이 몇 개 있으며 각급 학교나 마을에는 어떤 도서실이 마련되어 있는가? 또, 학생들과 여러 주민께서는 관심을 지니고 얼마나 이용하고 있는지 궁금하다. 여러모로 도회지나 농촌은 나름대로 장단점이 있어 제각기 틈을 내서 책 읽는 일이 더 중요하건만.

서울에서 50년 남짓 살고 있는 필자 역시 가난했던 1960년대에 시골서 휴학하며 지내던 추억이 새롭다. 농번기에는 머슴 대신 농사를 짓는 틈틈이 오일장터 책방 등에서 빌려 읽었던 독서들이 오늘날 내 문학과 사고의 바탕이 되었다고 여겨진다. 그래서 초가 삼간일지라도 글 읽는 소리가 그치지 않은 집안은 번창하더라는 옛 어른들의 말씀을 되뇌곤 한다.

문화의 세기인 요즈음은 우리 주위에 숱한 정보가 넘쳐나고 있다. 안방에서부터 대중공간은 물론 휴대전화에 이르기까지 홍수를 이룬다. 티브이나 영화 등의 기능이 다양한 각종 영상매체와 인터넷과 전자오락 및 스포츠와 팝 이벤트 등. 거칠고 질 낮은 선정과 폭력들에 노출된 우리 청소년들을 이런 유혹으로부터 보호하는 지름길은 올바른 독서생활로 이끄는 일이다. 중장년의 지식 확충과 노년층의 건전한 여가나 취미를 위해서 폭 너른 책읽기가 긴요하다. '책은 세상의 재산이요 세대와 알맞은 민족의 상속재산'이라는 도로우의 견해에 의한 것만이 아님은 물론이다. 아널드의 지적처럼 특히 문학을 통한 독서가 교양의 수단으로서도 가장 능률적이기 때문이다.

미국의 부시 대통령 영부인이었던 로라 여사도 시골의 공공도서관 사서로 근무 때 부시 청년을 만나 연애하며 책 사랑의 다짐을 받고 혼인해서 성공시켰다고 전한다. 또한, 컴퓨터 재벌인 빌 게이츠는 청소년 때 시골에 있던 그 아름다운 언덕배기 도서관에 앞 다투어 뛰어가서 좋은 열람석을 잡아 열심히 독서한 덕에 성공했다고 말하고 있다. 그래서 그는 지금도 해마다 마이크로소프트사 수익금의 3분의 1을 공공도서관에 후원하고 있는 것으로 유명하다. 이런 사례들에 못지않게 우리도 동서고금의 세계로 열린 인근의 도서관을 서로가 사철 내내 잘 활용하면서 책 읽기로 알찬 생활을 영위해 나가야 할 것 같다.

알라르차르 계곡의 수석

–비슈케크 여행 1박 2일

2001년 초에 가졌던 낯선 중앙아시아 지역의 첫 답사는 인상에 남는다. 아시아권이라지만 후미질 만큼 먼 데다 나에겐 전혀 인연이 없던 곳이다. 아는 이 하나 없을뿐더러 당시 그곳의 공용어인 러시아말도 서투른 처지였다. 게다가 일행과 함께하던 여느 해외여행 경우와 달리 혼자서 나선 터라 모험처럼 느껴졌다. 그러나 나는 정부기관서 지원받은 고려인문단의 연구를 위한 현지답사를 위해 먼 길을 나섰다.

1월 31일 밤 10시 30분, 나는 김포공항 발 우즈베키스탄 항공편에 몸을 실었다. 밤새도록 어둠 속을 나른 비행기는 세계의 지붕 위를 넘어서 우즈베키스탄의 타시켄트 공항에 내렸다. 하필이면 현지시각으로 새벽바람도 매운 1시 30분이었다. 마침 고려신학대 선교단 일행의 강 교수와 어울려서 한국교육원 숙소에 여장을 풀었다. 그리고 그들 안내로 2박 3일 동안 그곳 대학 도서관과 박물관을 찾았다. 이어서 나는, 항공기로 이동하여 주목적지인 카자흐스탄에서 8박 9일에 걸친 자료수집 겸 고려인 문인들과의 면담을 가졌다.

특히, 처음 가진 중앙아시아 여행에서 얻은 뜻밖의 소득은 예정에 없이 1박 2일 동안 머무른 키리키즈스탄의 비슈케크 방문이었다. 카자흐스탄의 알마티 한국교육원에서 이웃나라인 수도에 한국문화를 알리려 교육원을 신설하는 팀에 함께했던 것이다. 서울의 고교 교사로서 몇 년 동안 그곳 부원장으로 파견 가 있는 정 선생과 동행하였다. 다행히 하루 이틀 정도는 무비자로 체류할 수 있는 곳이었다. 외교관 차량이라는 스티커가 붙여 있는 승용차로 3시간 30분을 달리는 도중에 용돈을 노리는 그곳 경관들로부터 10번쯤의 꼬투리잡기 검문을 당하면서도 나는 피로를 몰랐다. 그곳 도로 연변의 가로수에 서너 개씩 억척스레 집을 지은 새집들이며 열악한 화장실 사정이나 눈 덮인 벌판의 풍물과 언덕에 세워진 묘지의 정경 등이 이색적이어서였다.

이웃 카자흐스탄 검문경관들에 비해서 키리키즈스탄 국경을 맡은 그곳 정장 외투차림의 경찰부터 친근감을 주었다. 산이 많은 내륙에 위치한 데다 인구도 적고 아담한 면적의 나라여서일까. 사람들의 생김새가 우리 민족과 많이 닮은 데다 순박한 모습들이었다. 본디 중앙아시아의 '스탄'이란 이름이 붙은 대 여섯 나라들은 거의가 13세기 이후 징기즈칸 지배를 받은 유목민들로서 우리와 문화로나 혈연적인 관계가 깊어서일까 싶었다. 숙소인 그곳 엘도라도호텔 3층의 숙박비마저 맥주 두 병을 객실에 서비스 한 것을 곁들여 15불이었다. 이곳 화폐단위인 썸으로 치면 타시켄트에서 택시비를 숨 지폐로 한 줌씩 계산하고 알마타에서 값비싼 텡게로 지불한 것에 비해서 그 절반 값도 안 된다 싶었다.

키리키즈스탄 공화국은 역시 1991년에 소연방으로부터 독립한 12개 독립국가연합(CIS) 가운데 하나이다. 면적은 남북한을 합한 면적보다 조금 작은 나라로서 인구는 약 453만 명으로 전해진다. 이 나라는 북서쪽으로 카자흐스탄, 남쪽으로 타지키스탄, 남동쪽으로 중국, 남서쪽으로 우즈베키스탄과 인접해 있다. 수도는 과거에 프룬제로 불리던 비슈케크로서 인구는 63만으로 알려진다. 파미르고원과 가까운 텐산산맥 핵심부를 이루는 산속의 만년설과 만년빙이 흐르는 지점에 위치해 있다. 국민 대다수가 수니파 이슬람교도들로 구성되어 있다. 이 나라는 1992년에 남한과 더불어 북한과도 수교관계를 맺고 있지만, 우리에게는 아직 생소한 편이다.

유서 깊은 비슈케크 시내 중심부의 이끼 낀 아름드리 나무숲 공원에 가까이 있는 한국교육원 삼층 건물은 새로 전세를 내서 수리하느라 분주하였다. 한국문화와 한글 등을 전수, 홍보하는 공간을 열기 위해 리모델링하는 중이던 것이다. 그런데 그 건물의 주인은 내 고장 이웃마을에 살던 방기남 사장이었다. 초등학교 시절의 방 사장은 내 20여 년 후배인지라 서로 몰랐지만 해정부락에서 살아온 그 부친 이름은 들어오던 편이었다. 먼 이국에서 고향사람을 만나다니 여간 반갑지가 않았다. 그 덕분에 단박 우리 일행은 그날 저녁에 후배 집으로 초대받아 모처럼 입에 맞는 한식 만찬까지 대접 받았다. 처자들과 더불어 낯선 나라에 와서도 알뜰하게 한국 가정을 꾸리고 사는 방 사장이 대견하게 여겨졌다.

이튿날도 교육원 수리 일을 돌보고 난 우리는 손수 무쏘 승용차를 운전한 방 사장 안내로 수도 근교를 관광하였다. 톈산산맥에서 흘러내리는 알라르차르 계곡의 개울물 속에서 나는 서너 개 조약돌을 기념으로 골랐다. 외국에 여행 다닐 적마다 그곳의 명승지에서는 으레 한 두 개쯤의 수석을 기념품 삼아서 챙겨오기 때문이다. 한참을 나는 눈 덮인 돌멩이들을 헤쳐 살피면서 마치 고향 산골 물에서 가제를 잡는 동심을 만끽할 수 있었다. 사막처럼 삭막한 타시켄트나 알마타 근교 정경과는 다른 운치가 느껴졌다. 역시 내륙지역이지만 천산산맥의 만년설이 녹아 흐르는 덕에 이 땅은 그렇게 주위의 풀과 나무가 짙어 비옥하다고 생각되었다. 겨울철인데도 햇볕이 따사로운 이곳은 한결 아늑한 기운이 들어 좋았다.

그날 오후, 비슈케크를 떠나는 우리를 전송하러 나온 방 사장은 내손에 큼지막한 흰 바탕의 조약돌 하나를 건네주었다. 자기 거실 앞에 놓고 지내는 수석 가운데 하나를 가져왔다는 것이다. 20센티미터쯤의 한반도 모양처럼 길게 휘어진 수석 선물이다. 나는 그것을 두툼한 오버 주머니에 챙겨 넣었다. 서울에 돌아와서는 잘록하게 손 자루마냥 늘어진 그 수석 허리부분의 위아래를 이어서 붓글씨로 '統一石'이라고 써놓았다.

지금도 내 서재 옆에 놓인 진열대 유리 속의 기념품을 바라보며 나는 생각하곤 한다. 당시 32년 만에 찾아왔다는 2001년 겨울방학철의 그 강추위와 중앙아시아의 여러 정경들을 파노라마처럼 새롭게 펼쳐보는 것이다. 그리고 근래 비슈케크에서 시민들이 키리키즈스탄 대통령의 독재에 항거하다 투옥된다는 뉴스 등을 접하면 문득 그곳 한국교육원과 후배 소식이 궁금해지곤 한다.

2011. 10. 9

leewj1004@hanmail.net

- MBC 지붕 위에서
- 수험번호 404번에다 점심은 빵 2개로
- 실격, 또 실격, 그리고 합격

연세대학교 국문과 졸업
중앙대학교 대학원 문학박사
〈수필문학〉 수필, 〈한맥문학〉 소설 등단
동원대학교 출판미디어과 교수, 학술정보센터장 역임
한국수필문학가협회 행사분과위원장
분당문학회 회장

MBC 지붕 위에서

한여름 햇볕이 따가웠다. 가만히 있어도 등줄기에서 땀이 줄줄 흐른다. 그래도 인사동(仁寺洞) 길을 걷는 일은 늘 기분이 좋다. 외국인들의 눈에서마저 인사동은 대한민국을 대표하는 곳이라고 생각들을 하고 있지 않은가?

골동(骨董)의 거리, 화랑(畵廊)의 거리요, 전통의 거리, 낭만의 거리를 걷는데 까짓 등줄기의 땀쯤이야 대수로울 것이랴? 콧노래마저도 저절로 흘러나오는데, 발길은 인사동 네거리(인사동 15번지)로 들어선다. 그런데 이게 뭐지? 한쪽 길바닥에 무슨 동판(銅版) 같은 것이 보인다. 가까이 다가가서 자세히 살펴보았다. 거기에는 '61년 처음 방송 MBC'라는 글씨가 새겨져 있었다. 61년 처음 방송 MBC?

나는 고 3이었다. 대학입시에 총력을 기울여야 할 고 3이었다. 그리고 여름방학 때였다. 그러나 나는 할 일이 없었다. 나에게는

'대학'이란 손을 뻗어 잡아보기는커녕 쳐다볼 수조차도 없는 저 높은 곳에 있는 신기루였다. 아니, 아니다. '신기루'란 그래도 처음에는 붙잡을 수 있는 곳이라 생각하고 열심히 쫓아가기라도 하는 대상이기가 일쑤인데, 나에게는 그곳은 아예 범접할 수 없는 곳, 그러니까 궁금(宮禁)이나 다름없는 곳이었다.

그러한 내가 안 되어 보였던지, 이웃집 아저씨가 찾아왔다.

"요새, 별로 할 일이 없어 보이는데, 나하고 돈벌이 하지 않을래?"

모든 일에 의욕이 없어진 나는 굳이 돈벌이를 하고 싶지는 않았지만, 그저 시간이라도 죽일 수 있는 일이 아닐까 하여, 두세 번 간청하는 그 아저씨의 말에 못 이기는 척 따라 나섰다. 내가 간 곳은 바로 인사동 15번지였다. 그런데 목적지가 특이했다. 건물 내의 그 어느 곳도 아닌 곳, 그 건물 중에서도 가장 높은 곳으로 가는 것이었다. 가장 높은 곳? 그곳은 바로 지붕이었다.

아저씨가 말했다.

"이곳은 MBC 라디오 방송국 지붕이다. 지붕에 칠해 놓은 페인트가 상당히 낡아서 새로이 페인트칠을 하려고 하는데, 그러기 위해서는 먼저 그 낡은 페인트칠을 긁어내야만 한단다. 오늘 할 일은 바로 그 일, 페인트를 긁어 벗겨내는 일이다."

MBC는 동일 가구 건물 2층(현 덕원갤러리)에 있었다. 아저씨는, 요즘 보면 지하철역이나 건물 바닥 같은 데에 붙어 있는 껌을 제

거할 때 사용하는 것과 비슷하게 생긴 '헤라칼(주걱칼)'을 나에게 쥐어 주었다.

1961년 12월 2일 개국한 MBC 라디오 방송(호출부호 HLKV, 주파수 900kHZ, 출력 10kW).
—사진 : '위키 백과'에서 인용

그야말로 '뜨거운 양철 지붕 위의 고양이'였다. 하지만, 나는 아무런 생각도 느낌도 없었다. 그저 덤덤히 그 기구를 받아들었다. 그리곤 오래되어 군데군데 뜯어져나가기도 한 지붕의 낡은 페인트를 벗겨내기 시작하였다.

처음엔 그저 무덤덤하게 시키는 대로만 했다. 그런데 일을 하다 보니까 차츰 열중하게 되는 자신을 발견하였다. 어떻게 하면 빨리 벗겨낼 수 있을까? 나름대로의 방법마저도 고안해 내기에 이르렀다.

뜨거운 햇볕에 주룩주룩 쏟아지는 땀방울을 마악 벗겨내려는 곳의 양철지붕에 집중적으로 떨어지게 한다. 그냥 벗겨내면 바싹 마른 지붕의 페인트는 작업용 칼이 가는 곳마다 그냥 툭툭 조각을 내게 되어 끊어지고 끊어져서 일의 능률이 오르질 않았다.

그런데 땀방울이 떨어진 곳은 그 물기 때문에 아주 약간이기는 하지만 그 강도가 약해져서, 조각이 나서 서로 분리될 수도 있는 옆 부분과 연결이 되는 것이었다. 그러니까 땀방울을 떨어뜨린 후 그곳을 천천히, 아주 천천히 긁어 내면 상당히 넓은 부분을 한꺼번에 제거할 수가 있다는 것을 체험으로 깨달았던 것이다. 그와 같은 작업은 어찌 보면 게으름을 피우는 일처럼 보일 수가 있었다.

처음엔 아저씨도 그렇게 생각했었나 보다. 그래서 내게 몇 번 재촉을 하기도 했다.

"조금만 더 빨리 할 수는 없겠니?"

그러나 시간이 흐르면서 전문가라 할 수 있는 아저씨보다도 내가 벗겨내는 면적이 더 넓은 것을 알기 시작한 아저씨는, 의외의 눈으로 가끔씩 나를 쳐다보기만 할 뿐 더 이상 아무런 말도 하질 않았다.

여름날은 길었다. 하지만, 전심전력으로 일을 하는 사람에겐 시간관념이 존재하질 않는다. 무더위 따위도 문제가 될 수 없다. 오로지 한 가지 일에만 전념하고 있는 판국에 무엇이 문제가 될 것인가? 그렇게 그날 일은 끝났다. 어두워지기 시작할 무렵에야 그 페인트 벗기는 작업은 끝났는데, 아저씨가 말했다.

"원래 내일까지 페인트 벗기는 일을 할 예정이었는데, 니가 열심히 잘해 주어서 오늘 다 끝냈구나. 내일부터는 새로 페인트칠을 하는 일을 하도록 하자."

그러면서, 그날은 시간이 늦었으니까 그 인사동 15번지 건물의 지하에 있는 다방에서 자기로 했다. 영업이 끝난 다방의 의자들을 몰아놓고 거기서 자자는 것이었다. 그래야 집에까지 갔다 왔다 하는 시간을 줄일 수 있으니, 오늘처럼 일을 하면 내일 하루 만에 페인트칠도 끝낼 수 있을 것이 아니냐는 말이었다. 맞는 말이었다.

나는 그날 밤 잠을 자면서 조용히 나 자신을 생각해 보았다. '이렇게 칠장이, 아니 아저씨는 원래 목수이니까 나는 애기목수가 되는 게 아닐까? 그게 내가 갈 길인가?'

하루 종일 피곤했던 몸, 불편한 잠자리였지만 금방 꿈속 세계로 빨려 들어갔다.

"정신 차려! 이건 네가 갈 길이 아니야!"

꿈속에서 들려오는 목소리가 있었다. 그게 누구의 소리였던지는 지금까지도 모르겠다. 어쨌든, 그 소리 때문에 나는 이튿날 잠에서 깨어나자마자 그 자리를 박차고 나왔다. 아저씨의 실망은 이만저만이 아니었다고 한다. 나는 지금도 생각해 본다. 그 아저씨를 계속 따라다녔다면, 나는 아마 이름 난 대목수가 되어 있었을지도 모른다고. 서울시내 중심부에 있는 이름난 건물의 지붕을 새로 단장하는 일을 맡았을 정도라면, 그 아저씨는 그래도 알아주는 '-장이'는 아니었을까 싶었던 때문이다.

어쨌든, 나의 인생길은 여기서 완전히 방향이 달라져 버리고 말았다.

수험번호 404번에다 점심은 빵 2개로

'MBC 지붕 위'와 결별한 나는 뒤늦게나마 대학입시를 위한 공부를 시작했다. 누가 보아도 나의 뒤늦은 공부는 '헛수고'에 불과했다. 우선, 내가 다니던 강문고등학교는, 지금은 이름이 바뀌어 명문 고등학교에 속하지만, 가수 조영남의 말로는 '깡패학교', 소설가 이문열 씨도 '학교 환경도 좋지 않아서 석 달 만에 때려치웠다'는 학교였던 것이 그 첫 번째 근거요, 그것도 '야간'에 적을 두고 있었다는 것이 그 두 번째 근거였고, 그 세 번째는 그때까지 대학 진학을 목표로 하지 않았던 나는 평소에 입시공부를 위시한 모든 공부를 등한시했었다는 점이었다.

남들이야 무어라고 하든 말든 나는 시험에 필요한 참고서들을 엄선하여 샀다. 그리고는 한 달여 동안 나름대로는 열심히 공부를 한답시고 노력했지만, 내가 생각해도 그런 식으로는 승산이 없었다. 학교 자체가 옛날의 99칸 기와집이었고, 학교를 두르고 있는 담장은 6·25때 군데군데 허물어졌던 곳에 판잣집으로 막아 놓고 있어서, 늘 그 집들을 이용해서 땡땡이를 치던 버릇 때문에 도저히 공부가 되지를 않았던 것이다. 그렇게 9월 한 달을 허송세월했다.

특단의 조치가 필요했다. 나는 담임선생님에게 통보를 했다. 겨울방학이 되기까지의 3개월여 동안 대학입시를 위해 집에서 혼자 공부하겠노라고. 그렇게 해서 반드시 일류대학에 입학을 하고야 말 테니까 그동안 출석을 좀 배려해 달라고. 담임선생님은 흔쾌히 허락을 해 주셨다. 지금 생각해 보면 아마 한 놈이라도 말썽부리는 놈이 줄어든다는 것이 반가우셨기 때문은 아닐까도 싶다.

나는 새로이 계획을 짰다. '제1회 대학입학자격 국가고사'라는 점을 최대한 활용할 방안을 마련한 것이다. 최초로 시행되는 사지선다형 시험문제, 그것을 정복하려면 무엇보다도 같은 책을 여러 번 반복 학습하는 일이 가장 중요하다는 생각이었다. 그래서 모든 과목의 책을 남아 있는 3개월여 동안 4번 이상 읽도록 시간 배정을 하였다. 첫 번째 독파는 한 달 반(45일) 정도, 다음번은 20일 정도, 그 다음은 10일 정도, 또 다음은 5일 정도, 총 80일 정도면 가능한 방법이었다. 그 나머지는 부족한 과목, 조금 어려운 대목들을 따로 보충하면 될 터이었다.

그게 가능하려면 책 읽는 방법을 새로이 창출해야만 했다. 그냥 읽기만 할 경우, 마지막 읽기의 경우를 놓고 본다면 어떻게 참고서 한 권을 5일 동안에 읽어 치울 수가 있겠는가? 그러니까 첫 번째 읽을 때, 이해가 잘 안 되는 부분이라든가 중요한 부분이라고 여겨지는 곳에는 밑줄을 그으면서 읽고, 두 번째는 그 밑줄 친 부분만 읽으면 되는 것이다. 처음 읽으면서도 쉽게 이해되는 부분 따위는 다시 읽지 않아도 무방한 것이니, 그런 식으로 읽으면 첫 번째의 절반 정도의 시간으로도 충분히 읽어낼 수가 있을 것이라는 생각이었다. 그 두 번째 읽기 때에도 다시 비교적 쉽게 이해되는 부분 및 중요한 부분에는 새로이 밑줄을 쳐야 함은 물론이다. 그런 방법은 가장 여러 번 읽은 부분, 그리고 가장 최근에 읽은 부분이 제일 중요한 부분이요 제일 어려운 부분이 되는 것이니, 효과적이지 않을 것인가? 어디 그뿐이랴? 책 한 권을 나무로 친다면, 가장 최근에 읽은 부분이 뿌리요, 그 전의 것이 큰 둥치, 또 그 앞의 것은 가지, 그리고 처음 읽은 부분은 잎에 해당한다고나 할까? 그러니까 나무 하나의 형상이 제대로 갖추어지게 되는 것이다. 제일 처음 읽은 잎 부분에서 출제되었을 경우를 생각하면, 전체의 나무 형상으로 보아 '그건 아마 이럴 것이다'라고 미루어 짐작해도 정답에서 그리 멀어지지는 않을 것이었다.

게다가 짧은 시간을 이용한 효과적인 학습방법이 바로 복습이 아니던가? 1시간 정도의 학습량을 예습하기 위해서는 3시간 이상이 소요되지만, 복습은 그와는 정반대, 3시간의 학습량도 1시간이면 충분하지 않은가? 무려 9배의 시간 차이를 극복할 수 있는 학습 방법인 것이다. 석 달 동안 나는 단 하루, 중학교 때의 은사님이 수녀로 계시는 소사 쪽에 있었던 수녀원 구경을 하러 갔었던 일 말고는 일체 방구석에서 나가질 않았었다. 국문과를 지망했던 나는 당시로서는 금남의 구역을 볼 수 있는 기회를 놓칠 수가 없었던 것이다.

1962년 1월 16일. 그렇게 해서 치른 제1회 대학입학자격 국가고사에서 나는 소기의 성과를 거두게 된다. 학과별 합격자 명단이 신문에 발표되던 날의 감격은 잊히지가 않는다. 전국 석차 20등 이내에 들었던 것이다. 내 기억으로는 그해 대학별 입학정원이 서울대 20명, 연세대 30명, 고려대 40명, 이화여대 50명, 숙명여대 100명이 아니었었나 싶다.

하지만 내 앞에는 커다란 문제가 하나 놓여 있었다. 그건 바로 대학별로 실시되는 체능검사였다. 체능검사가 총점 350점 중의 50점으로 과대하게 책정되었던 것이다. 평소에도 55kg을 넘지 못하던 갈비가 석 달 동안이나 두문불출했으니 건강이 말이 아니었는데다가, 시험일이 코밑에 다가왔을 때에는 긴장이 풀려서인지 지독한 감기까지 걸렸었으니……. 그러한 사정을 감안해서 연세대학교 쪽으로 원서를 내긴 했지만, 거기도 자신할 수가 없었다. 아무리 생각해도 기본 점수밖에는 받지 못할 것 같았고, 그 점수로는 50점이나 되는 체능검사의 벽을 넘기가 힘들었던 것이다.

낙방을 예고라도 하는 듯 수험번호마저 '404번'이었다. '404

번'? 나는 나 나름대로 해석을 하여 보았다. '死'에서 다시 '死' 하는 일은 '生'일 수밖에 없고, '404'는 4가 둘이니 '4땡'이고, '4×4'로도 통하니 '16'인 셈이요, '16'은 '섯다'에서 일곱 끗에 해당하는데, 일곱 끗이면 괜찮은 끗발인데다가, '16'은 또 '2×8'로도 분석이 되어, 바로 '이팔청춘', 사람의 한평생 중 가장 활기가 넘치는 때가 아니랴 싶었던 것이다. 이 도령과 춘향이도 바로 그 '이팔청춘'에 사단을 일으키지 않았던가? 해석이 멍석이었다.

점심시간이 되었다. 남들은 부모님들이 따라와서 힘내라고 영양식들을 싸 와서 먹이는데, 나는 나 혼자였다. 집안 형편으로 보아 대학을 다닐 형편이 못 되는 판국에 부모님이 따라와 준다는 것은 그야말로 '언감생심'이었다. 도대체가 입맛이 없어 아무것도 먹고 싶은 마음조차 없었다. 그래서 우물쭈물하는 가운데 시간은 흘러 오후 검사 시간이 가까워오고 있었다. 무엇이든 먹지 않고는 오후 검사를 받을 수가 없을 것 같아서, 부랴부랴 빵 2개를 샀다. 시험 때 빵을 먹으면 떨어진다고 하지만, 나는 내 몸의 선 모습 '1'에다가 '빵' 2개, 그러니까 '00'을 합치면 '100'이 되지 않느냐는, 그야말로 얼토당토않은 생각으로 그 빵을 우걱우걱 씹어 먹었다.

실격, 또 실격, 그리고 합격

역시 사람은 먹어야 사는 존재, 빵 두 개를 먹고 나니 기운이 솟았다. 그러나 빵 두 개보다는 국물도 있는 제대로 된 식사를 한 사람들을 따라잡는 일은 그렇게 쉬운 일이 아니었다. 아니, 상식적으로도 그들을 따라잡을 수는 없었던 것이다.

오후의 체능검사, 열심히, 정말로 열심히 노력했지만 결과는 모든 종목에서의 기본 점수 이상을 따는 수는 없었다. 온몸에 힘이 쭉 빠졌다. 빵 두 개, 빵 두 개, 그것으로는 안 되었다. 고기 한 점이라도 먹었더라면…… 후회가 밀려왔다. 하지만, 그건 어디까지나 생각이었을 뿐, 여기저기서 왁자지껄한 구내식당에서 혼자 밥을 사 먹을 기분도 못 되었고, 아, 무엇보다도 내겐 빵 두 개 이상은 사 먹을 돈도 없었다.

멀리 던지기, 기운이 없다 보니까 첫 번째 던지기부터 엉뚱한 방향으로 던지는 바람에 실격이었다. 다시 던졌다. 그런데 첫 번째의 실격을 의식해서일까? 두 번째도 또 실격이었다. 실격, 또 실격, 이제는 만사휴의였다. 두 번의 실격이면 다음에는 더 이상 던질 수가 없었다. 재빠르게 계산을 해 보았다. 체능검사 기본 점수, 그것 가지고는 안 되었다. 그 점수를 가지고서는 나보다 20점 정도 부족한 수험생들도 나를 따라잡을 수 있다는 계산이 나왔다. 말하자면 나는 낙방할 수밖에 없다는 나름대로의 계산이었다.

안 된다. 그럴 수는 없다. 나는 차례를 기다리느라고 서 있는 기다란 줄의 맨 끝에 가서 슬그머니 서 있었다. 앞에 선 수험생들의 수효가 하나하나 줄어들고 있었다. 드디어 마지막 순번의 수험생도 던지기를 끝냈다. 그러나 나는 아무렇지도 않은 듯 그 무거운 쇳덩어리를 들고 마지막 기회라고 생각하고 힘껏, 정말 힘껏 던졌다. 젖 먹던 힘까지 동원하여 정말 힘을 다하여 던졌다.

아, 드디어 그 쇳덩어리는 기본점수를 넘을 수 있는 거리까지 가서 떨어졌다. 그것을 확인하는 순간 온몸에 힘이 쭉 빠졌다. 다리는 저절로 꺾어졌고 나는 그 자리에 주저앉았다. 주위가 약간 소란스럽다고 느꼈다. 누군가가 나를 부축하여 점수를 기록하는 사람 앞으로 끌고 갔었던 모양이다.

"이름이 뭐지?"

"이웅재요."

"아까 던지지 않았나?"

"그게, 그러니까……."

나는 할 말이 없었다. 하지만, 이대로 끝나서는 안 된다.

"제가 지금 감기에 걸려 있거든요. 그래서 아까는 그만 갑자기 재채기가 나오는 바람에 제대로 못 던져서요."

기록원은 한동안 망연한 듯한 표정이었다. 하지만, 이미 내가 던진 기록은 검사원들에 의하여 불리워진 후였다. 수험생에게 유리하게 진행해야 한다는 검사 수칙을 생각하는 듯 잠깐 머뭇거리던 기록원은 검사원이 불러준 숫자를 원서에 써 넣고는 확인 도장을 꽝꽝 찍고 있었다. 새로운 나의 운명이 결정되는 순간이었다.

합격자 발표날이었다. 합격자의 이름들이 발표판에서 추위에 떨면서 임무를 수행하고 있었다. 나는 내 계산으로 이미 합격이 된 상태이지만, 확인차 현장을 찾았다. 내 이름이 거기에 있는 것을 보면서도 별 감흥이 일지를 않았다. 걱정부터 앞섰기 때문이라고나 할까? 입학금, 입학금을 마련해야 하는 지상최대의 책무, 돈이란 게 그렇게 중요한 것이라는 점을 그때 새삼스레 느꼈다. 어찌해야 하나? 난감한 내 시선은 멍하니 발표판 뒤쪽을 향하였다. 거기엔, 거기엔 아, 무덤이 하나 있었다. 그때엔 웬 무덤이 대학 구내에 있나 하는 생각뿐이었다. 하지만, 그 무덤은 나에게 아주 편안한 마음을 가져다주었다. 반원의 둥근 봉분, 그렇다. 그것은 지하의 것과 합치면 원형일 터였다. 원형, 그건 '알'의 모습이다. '알'은 생명의 원초적인 모습, 생명의 근원이었다.

나중에 알았다. 그 묘는 사도세자의 생모 영빈 전의 이씨의 묘였다. 지금은 서오릉으로 이장되어 있는 묘, 그 묘가 내 마음을 편안하게 다독거려주고 있었다. 그래, 죽은 분도 내게 이처럼 편안한 마음을 가지게 해 주는데, 살아있는 내가 못할 일이 무엇이 있을까 보냐!

나는 이튿날부터 내가 알고 있는 친척집들을 몽땅 순회하기로 하였다. 입학금 찬조 모금을 위한 순례였던 것이다. 이렇게 말하면 대단한 행사쯤으로 여길 수도 있겠지만, 그래 봐야 두세 집에 불과했다. 1·4후퇴 때 월남한 처지이다 보니 친척이 별로 없었던 것이다.

그러나 깡패학교, 그것도 야간학교를 오락가락하던 놈이 그런대로 명문학교에 합격하였다고 하니, 체면상 몇 푼씩 도와주는 바람에 나는 거뜬히 대학생이 될 수 있었다. 대학생에게도 교복이 있던 시절, 나는 늘 교복만 입고 다녔다. 어떤 놈들은 그걸 자랑삼아 입고 다니는 놈들도 있었지만, 고백하건대 나는 다른 옷을 입고 다닐 경제적 여유가 없어서 늘 교복 신세를 면하지 못하고 지냈던 것이다.

어쨌든, 그렇게 하여 나의 연세대학교 국어국문학과의 대학생활은 시작되었다. 그런데 도대체가 이해가 되지 않는 일이 하나 있었다. 사춘기도 제대로 찾아먹지 못한 내게는 국문과라면 몇 명쯤의 여학생이 있을 것이고, 그런 대로 대학생활의 낭만도 느껴 볼 수 있지 않을까 하는 엉뚱한 기대도 가졌었는데, 그럴 수가 있을까? 이건 도대체 말이 안 되는 상황이었다. 국문과임에도 불구하고 여학생은 한 명도 없었던 것이다. 수컷들끼리의 대학생활 4년은 사막보다도 더욱 삭막한 기간이었다.

어쩌면, 그건 내게는 축복인지도 몰랐다. 맞다, 그건 분명히 축복이었다. 한 학기만 다니다가 중퇴하기로 한 대학생활인데 어찌 거기에 여자가 끼어들 여지가 있을 수가 있겠는가?

어쨌든, 대학생활은 그렇게 시작되었고, 어차피 한 학기만 다니려고 마음먹었던 나는 학업에 열중할 수도 없었다. 하루하루를 그저 어쩔 수 없이 보내면서 지내는 생활, 나는 완전히 나 자신 속으로만 파고들었다. 그럴 수밖에 없는 것이 나는 정말로 땡전 한 푼 없는 거덜뱅이였으니까.

지금도 잊혀지지가 않는다. 그때 학교에서 무슨 이유에서인지 학부형들의 월수입을 조사한 적이 있었다. 정말로 잊히지가 않는다. 학부형들의 평균 수입이 월 30만 원이라는 통계를 대하면서 나는 완전히 두 손을 들고 말았던 것이다. 당시 입학금이 만 원 내외였던 때였다는 점을 부기해 둔다.

구자숙

abaya101@hanmail.net

- 갈등
- 꽃 한 술, 잎 한 저
- 그이와의 첫 만남

경기여고, 이대 국문과 졸업
서울 혜성여고 교사
(사)한국꽃예술작가협회 이사장 역임
중앙대학교 산업교육원 에세이 전문과정 수료
2002년 <문학마을> 수필등단
이대동창문인회
한국문인협회, 가톨릭문인회 회원
이음새 문학회 초대회장

갈등

얼마 전 나는 친구와 함께 '가을 소나타' 라는 연극을 보게 되었다. 배우 손숙 씨가 직접 대본을 들고 제작자를 찾아다녔을 만큼 잘 되었다는 작품이다. 모녀의 갈등을 실감 있게 그려낸 심리학자 잉마르 베르만의 영화를 연극화한 것이어서 더 한층 흥미를 돋운다.

내용은 피아니스트로 성공한 어머니인 샤롯이 큰딸 에바의 초대로 7년 만의 딸과의 만남에서 시작된다. 목사의 아내로 평범하게 살아가는 큰 딸 에바, 어머니를 맞이하고 오랜만에 화기애애한 시간을 나누지만 평온은 잠시뿐, 그동안의 애증이 서서히 고개를 들자 갈등은 시작 된다.

에바가 돌보고 있는 발작 장애인 동생 레나를 대하는 어머니의 위선적인 말에 분노하는 에바. 큰딸의 어린시절은 엄마의 관심밖이라 사랑에 굶주려 있었음을 상기하게 된다. 음악과 자기 자신의 삶이 더 중요했던 엄마 샤롯으로 인해 보살핌을 받지 못한 딸이 품었던 애증이 뒤섞인 날카로운 말들은 듣는 것만으로도 가슴이 조이는 듯 했다. 한 여성으로서 성공한 지금, 딸에게도 인정받고 싶은 엄마와 그렇지 못한 딸과의 감정 대립이 극에 이르고 두 사람의 관계는 예전보다 악화된다. 극단적 감정의 소용돌이를 불러일으키는 서로에 대한 사랑이 미움, 원망, 증오로 가득차 긴장감이 고조된다. 조금도 자신을 이해하려 하지 않는 딸이 야속하기만 한 샤롯과 모정에 굶주린 딸 에바, 두 사람이 모두 피해자라며 목소리를 높이지만, 상대방의 아픔 따윈 안중에도 없다. 자신의 아픔이 더 커 상대방을 들여다볼 여유조차 없는 것일까. 어머니는 "딸아, 내게 너무 가혹하게 대하지 마라. 내 마음이 찢어지는 것 같구나." "난 엄마라는 내 모습이 어색하고 불안했어!" "난 엄마가 되고 싶지 않았을 뿐이야."

딸 에바는 "엄마에게 있어 나라는 존재는 잠깐 가지고 노는 인형이었나요." "아님, 차디찬 자궁에서 밀려 나온 것에 불과한 것이었나요?"

나는 어머니라는 공통점으로 인해 샤롯에게 공감 가는 점이 없진 않았지만, 딸의 외침엔 가슴 밑바닥에서부터 저려오는 듯한 통증을 느꼈다. 어린 자식에게 있어 엄마란 신과 같은 존재로 아낌없이 주는 나무가 아니던가. 하지만, 자아실현이 중요했던 엄마의 말처럼 자식에게 모성의 희생만을 강요당하기엔 현대여성의 의식이 예전과는 많이 달라져 있음을 알 수 있었다. 세상에는 참으로 여러 유형의 모녀 관계가 존재하는 것 아닐까. 각 나라의 문화가 다르고 시대의 변화가 있고, 그때그때의 세대 차이에 따라서 각기 경우가 다르리라는 생각이 든다. 문득 나와 나의 어머니 관계, 또한 나와 딸의 관계도 생각하게 되었다.

나는 부모님과 증조모, 조부모, 삼촌 고모들과 대가족 안에서 성장했다. 연극을 보면서 아무리 기억을 더듬어 보아도 어른들에게 말대답을 하거나 어른들의 뜻을 거역해서 걱정을 끼친 일은 없던 것 같다. 그 시대가 그러했듯 어머니에게도 순종하며 지냈다. 그래서인지, 만일 나의 어머니가 샬롯과 같은 유명한 피아니스트였다면, 오히려 자랑스러워하였을 것이다. 나는 자라면서 부모에 대한 불만 같은 것은 전혀 가질 줄 몰랐었다.

내 딸은 내가 무심히 던지는 말 한 마디에도 말꼬리를 잡는 일이 자주 있다. 미술을 전공한 딸은 자신의 삶을 아름답게 가꾸어 나가고 있으며, 외형적으로 볼 때는 나무랄 데 없는 여성이다. 딸은 오며가며 엄마 집에 들려 우리가 좋아하는 먹을거리들을 드려놓고 가곤 하는 그럴 수 없이 자상하고 착한 딸이다. 그러면서도 나의 유일한 취미이자 삶의 보람이기도 한 글쓰기에 대해서, 거침없는 말투로 심기를 불편하게 한다. “엄마는 다 늦은 나이에 아무 영양가도 없는 글을 쓰면서 왜 그렇게 에너지를 소모하는지 몰라요.”라든가, 내가 전화라도 하면 처음부터“용건만 간단히 말하세요.” 하는 정도만이 아니다. 음식을 먹을 때면 수저를 들기도 전에 “흘리지 말고 천천히 드세요.” 하며, 엄마에게 잔소리를 하곤 한다.

그럴 때면 입맛이 씁쓸하고 기분이 상해, 나는 과연 부모님의 마음을 섭섭하게 또는 언짢게 해드린 일은 없었던가 하며 나 자신을 뒤돌아보게 된다.

미처 깨닫지 못하여 잘해 드리지 못한 것만 생각이 나서 후회를 하다보면 부모님 보고 싶은 생각에 밤잠을 설치게 된다. 그러면서 문득 딸에 대한 마음도 너그러운 이해로 바뀌어 가게 된다. 내 딸이 엄마를 소홀히 대한 것이 아니라, 시대가 변하고 딸의 까탈스러운 성격 탓이려니 하고 이해하여 본다.

딸이 생각하는 엄마로서의 나는 과연 어떤 엄마일까.

“엄마 뭐 하세요?”

오늘도 딸은 아무 일도 없었다는 듯 활짝 웃으며 문안 인사를 한다. 그 한 마디가 그렇게 고마울 수가 없다. 그동안 쌓인 앙금이 눈 녹듯 사라진다. 속된 말로 그래서 딸은 영원한 내 사랑이라고 하는 것이 아닐까.

꽃 한 술, 잎 한 저

2010년 12월 어느 날, TV에서 폭설로 교통이 마비되었다는 뉴스를 들으면서, 오늘 송년 모임 장소는 잘 선택했다는 생각이 들었다. 지하철로 연결되어 있어 빙판길과 추위를 피하게 되니 마음이 놓인다.

오늘 모임은 내가 결혼할 무렵 꽃꽂이를 함께 배웠던 친구들과 학교 자모회나 사회에서 내게 꽃꽂이를 배웠던 이들, 꽃이 좋아서 취미생활로 평생을 같이 한 직장동료들까지, 40여 년의 인연을 맺은 사람들이다. 시집살이, 엄마노릇, 맞벌이의 고달픔과 보람까지 함께 정을 나누며 살아왔다.

1957년경 우리나라 전통 꽃꽂이가 부활한 시점에서 항아리, 무쇠화로, 절구통 같은 토속적인 민예품을 화기(花器)로 이용하여 꽃꽂이 한 것을 보고 신선한 충격을 받았다.

지금부터 45년 전 나는 전통 꽃꽂이를 배우기 시작했고, 차차 그것에 매료되어 다양한 방법으로 꽃꽂이를 하게 되었다. 그때 우리는 모이기만 하면 꽃꽂이 이야기로 시간 가는 줄 몰랐다. 집에 꽃 한 송이라도 없으면 허전해했고 꽃을 들여다보면 꽃의 얼굴, 표정이 보인다는 말들을 했다.

꽃들은 기쁘고 좋은 날에는 마음을 더욱 밝게 해 주고, 슬플 때는 위로를 선사했으며, 힘든 생활을 겪을 때는 서로의 마음을 열어 주는 역할을 하기도 했다. 나는 틈나는 대로 꽃시장을 샅샅이 둘러보기도 했고, 동네 작은 꽃집도 그냥 지나치지 못하고, 꽃만 보면 꽃꽂이 구상에 몰두하기만 했다. 어쩌다 가는 여행도 꽃과 연관을 지어 장소를 물색하곤 했으니, 꽃을 가까이 하지 않았다면 내 삶이 얼마나 삭막했을까.

들에 지천으로 피어 있는 야생화 한 송이에도 새로운 감정을 불어 넣으려고 애를 썼고, 보이지 않는 꽃의 또 다른 표정을 찾아낼 때면 그 신비스러움에 가슴이 뛰기도 했다.

'김홍도의 노매도'와 '한용운의 님의 침묵' 이란 주제로 내가 작품 발표회를 할 때가 꽃꽂이 작업의 절정이었던 것 같다. 나무 등걸이나 홍매화, 백매화 같은 소재를 구하기 위해서 회원들은 먼 남도 지방까지 함께 다니면서 도와주었다. 의욕이 넘친 나는 장마철에 떠내려 온 고목을 찾느라 흙탕물도 아랑곳하지 않고 개울가를 헤매기도 했다. 오늘도 그때의 열정을 이야기 하며 웃음을 터뜨린다.

꽃예술에 심취해 있던 나는 1970년 초, 새로운 동양 꽃꽂이의 물결인 소게즈[草月流] 공부를 하고 싶던 차에 남편이 일본서 근무를 하게 되어 은근히 서둘렀다. 10여 년이 흐른 후, 한국에서는 차츰 동양꽃꽂이에서 서양꽃꽂이의 새로운 조류(潮流)를 맞이하게 되었다. 이에 따라 회원들은 한 번 더 힘을 내어 미국의 '쉘턴스쿨'에서 웨스턴 스타일을 배우게 되었다. 웨딩장식, 장례꽃장식, 디스플레이, 선물꽃 등 서구식 꽃꽂이를 도입했다.

나는 1984년, 교황님이 미사 집전한 '가톨릭 순교자 103위 시성식' 행사장에 불기둥과 양, 무궁화 꽃밭을 장식했던 일을 잊을 수 없다. 또한, '세계박람회장 한빛탑'에서 3개월간을 생화전시회를 할 때 겪었던 일들은 아무리 이야기해도 싫증이 나지 않는다.

초창기에는 아이들을 업거나 데리고 와서 꽃을 배웠던 이들이 있었다. 그때 옆에서 꽃으로 장난을 치던 그 아이들이 결혼을 하여 그 당시 그 시절 엄마의 연령대가 되었다. 당시 엄마들의 손은 곱고 예뻤는데, 어느새 주름투성이로 변한 두툼한 손으로 서로의 등을 다독이며 건강을 챙긴다. 가까이 보니 주름살은 선명한데 아직도 꽃향기는 묻어난다.

이처럼 빛을 잃지 않은 것은 아마도 꽃을 사랑한 사람들만이 지닐 수 있는 아름다움이 아닐까.

1979년에 나는 '꽃술회'를 창립하여 화기花器를 직접 만들어서 꽃술회원전을 열고, 1982년에는 꽃꽂이 협회전에 동서양의 꽃예술을 전시하기도 했다.

1988년에 꽃작품집을 출판하게 되었는데, 나는 송강 정철의 「장진주사」 '한 잔 먹세그려, 또 한 잔 먹세그려, 꽃가지를 꺾어 잔 수를 꽃잎으로 셈하면서 한없이 먹세그려' 라는 시구가 뇌리를 떠나지 않았다. 그 구절을 계속 읊조리다가 『꽃 한술 잎 한저』라는 책이름을 짓게 된 것이 어제인 듯 선하다.

"2005년 청계천 복원기념 꽃예술전시회"와 "서울디자인 올림픽2008" 축제에 꽃예술작가들의 솜씨를 또한 잊을 수가 없다. 한국의 꽃문화가 씨뿌려 개화되기까지 반세기가 흐르는 동안 어려운 시기를 거쳐 한층 성숙된 "꽃예술 조형전"을 청계천과 올림픽공원 야외에 설치한 것이다. 그 뛰어난 창의력에 그저 놀라울 뿐이며 꽃예술이 나아갈 밝은 미래를 보는 것 같아 힘이 솟았다.

그이와의 첫 만남

남편은 초점 없는 눈빛으로 멍하니 TV를 보고 있다. 요즘 들어 부쩍 허약해지고, 더 늙어 버린 것 같아 가슴이 아리다.

그의 옆모습을 보고 있으려니, 내가 20대초 무렵던 어느 여름날, 안양 수영장에서 보기만 해도 젊은 패기로 넘치던 남편과의 첫 만남이 떠오른다.

외국유학에서 돌아와 모 국영기업체에 수석으로 입사했다는 그는 사촌 오빠와 연세대 동창이었다. 아버지께서는 평소에 오빠로부터 그에 대해 전해 들어서인지 장래가 촉망되는 청년이라며 내게 보여 주기 위해 애를 쓰셨다. 그래서 언젠가 오빠친구들의 모임에 우리 가족이 자연스럽게 합류토록 했던 것이다. 원색으로 울긋불긋한 아로하 셔츠에 흰 맘보 바지차림인 그를 보는 순간, 나는 너무 실망스러워 도망치고 싶었다. 오빠와 가족들은 눈치도 없이 그이와 나만을 남겨 놓은 채 슬그머니 자리를 떴다.

나는 야한 차림의 남자와 함께 있는 것을 혹시 친구들이나 이웃

사람이 보게 될까봐 버스 정류소를 향해 줄행랑을 쳤다. 짐짝처럼 밀리던 버스 안으로 황급히 올라탔는데, 어느새 나를 따라 탄 그를 버스 안에서 또다시 보게 되었다. 가깝게 마주하고 보니 코옆에 까만 점까지 있는 돌쇠처럼 보였다. 풀장주변에 함께 앉아 있었던 그의 친구들이 그를 무쇠라고 부르던 생각이 떠올랐다. 돌쇠를 무쇠라고 잘 못 들었나? 나는 건달 같은 옷차림과 돌쇠형 용모에 간간이 술냄새까지 풍기는 그와 몸이 닿지 않으려고 결사적으로 밀쳐 냈던 첫 만났던 기억으로 웃음이 나온다.

그때는 왜 그토록 그이가 싫었는지 모르겠다. 나는 한때 친구들과 그룹과외로 영어공부를 시작할 때였다. 선생님을 만나기 위해 우리들은 남대문 옛터다방에 모였다. 그런데 이게 웬 일인가? 뜻밖에도 그 과외선생님은 내가 그토록 싫어했던 그이가 아닌가. 나는 첫 수업을 하는 날 빠져 버렸다. 왠지 선생님으로도 받아들이고 싶지 않았기 때문이다.

실은 나는 대학 2년까지만 수료한 후, 결혼하기로 아버지와 약속을 단단히 했었다. 그러나 수영장에서 첫 만남을 했던 그이를 핑계로 맞선보기를 미루면서, 나는 학업을 계속할 수 있었다. 고학년이 될수록 차츰 같은 반 친구들이 결혼을 하면서 자리가 하나 둘씩 비어가자 나는 은근히 초조해지기 시작했다.

그 즈음 나는 구씨 종친회에서 운영하는 유명학원에 접수일을 돕고 있었는데, 그곳의 인기가 있다는 특강시간을 바로 그가 맡고 있는 것이 아닌가? 그 후, 우연히 명동성당 미사에서 또 그를 만나게 되었다. 나는 그와의 세 번째 만남을 갖게 되었지만, 그에 대한 감정은 여전히 무덤덤할 뿐이었다.

대학 졸업 후, 교사로 재직하게 되면서 나도 모르는 사이 내게도 차츰 심경의 변화가 왔다. 지금까지 내가 바라왔던 영화 속의 주인공 같은 만남보다는 현실적으로 생활력이 있고 성실한 배우자를 찾아야겠다는 생각을 굳히게 되었다. 결국, 아버지의 강력한 권고를 받아드려 비록 가난하지만 실력 있고 착실한 가톨릭 신자인 그와 혼배성사의 뜻을 이루었다. 더불어, 가족의 생계와 동생들의 학비까지 도맡았던 남편의 멍에를 나도 함께 짊어지게 되었다.

오늘은 6·25전쟁이 일어난 지 60주년이 되는 날이다. 남편은 아침 뉴스시간부터 전쟁 다큐멘터리를 보면서, 수차례 자기가 의용군에서 도망친 얘기를 반복한다. 그와 함께 살아오는 동안 헤아릴 수 없이 듣던 내용이다. 그는 전쟁이 일어나던 해 열아홉 살이었는데 길에서 인민군에게 의용군으로 잡혔단다. 돈암동에 있는 경동중학교 운동장에서 수백 명의 포로 속에 끼어 공포에 떨고 있었는데, 날이 어두워지면서 웅성이는 소리와 함께 이북으로 대이동이 시작되었다. 그는 출발 직전에 죽을 힘을 다해 뛰어 10여 미터가 넘는 운동장 뒤 축대에서 탑골 여승방 뒤뜰로 뛰어내려 스님들의 도움을 받아 겨우 살아남게 되었다는 것이다. 뿐만 아니라 등산과 암벽타기 등을 하면서 아슬아슬한 고비들을 넘기고 구사일생으로 살아남게 되었다는 이야기도 여러 번 들었다. 부모님은 어릴 적에 잃어버린 삼형제들에 이어 태어난 허약한 넷째 아들인 그이를 건강하라는 뜻으로 무쇠라고 불렀다는데, 남편은 지금까지 잘 지내는 것을 보면 이름 덕을 톡톡히 본 것 같다.

50년을 함께 살아보니, 내가 배우자를 제대로 선택했다는 생각이 든다. 남편은 최상의 대우를 받으며 활동했다. 젊은 시절에는 해외책임자로 늘 가족과 함께 이국생활을 한 덕분에 내게 견문을 넓힐 수 있는 기회도 주었다. 또한, 다혈질이며 황소고집인 나를 현명하게 받아들여서, 내가 늘 자신감을 갖고 하고 싶은 활동을 할 수 있게 배려해 준 것을 생각하면 그저 고마울 뿐이다. 지금까지 한눈 한 번 팔지 않고 오로지 아내와 자녀들을 위하여 살아온 것이 감사한 일이고, 유난히 남의 일 내 일 할 것 없이 바쁘게 설쳐대는 나를 좋은 일 한다며 곱게 봐 준 것은 그야말로 오로지 무쇠오빠로부터 받은 큰 선물이라고 생각한다.

이제는 황혼기의 끝자락에서 유난히 외로워 보이고 수척해 보이는 그를 생각하면서 그에게 좀 더 따뜻하고 자상한 아내 노릇을 해야겠다는 생각이 든다. 나이 때문인가, 오늘따라 더욱 쓸쓸해 보이는 남편에게 다가가서 그이의 손을 꼭 잡아본다.

최찬희

chanhi1658@hanmail.net

• 산사(山寺)에서

중앙대학교 대학원 국문과 졸업
2002년 〈문학마을〉 수필 등단
이음새 에세이문학회 2대 회장

산사(山寺)에서

눈개비가 부슬부슬 내려앉는 저녁에 찾아든 선암사는 이미 어둠이 내려와 있었다. 인적이라곤 보이지 않는 산사에 총총 불을 밝히고 있는 종무소에 들어서자 따뜻한 온기가 확 풍겨 온다. 늦은 시각에 혼자 온 중년여인의 안색을 슬쩍 곁눈으로 살피는 행자승이 내게 줄 법복을 들고 앞장서 방으로 안내하곤 이내 사라진다. 밤은 곧 사방을 삼켜 버리고 나는 바삐 작은 방으로 내 몸을 숨겼다. 한 평 반 남짓한 쪽방 문고리를 걸고 따뜻한 방바닥에 누우니 내 방에 찾아든 것 같은 안온함이 온 몸을 휘감는다. 어둠의 보색과 같은 전등불의 밝음에 눈을 감는다. 혼자 왜 이런 산중을 찾아들었는지 생각을 정리할 시간도 없이 스르르 잠 속으로 떨어져 버렸다.

똑, 똑, 똑 또르르르……. 청아한 목탁소리에 눈을 떴다. 탁, 탁, 탁, 타다다다다……. 둔탁한 나무 두드리는 소리도 들려온다. 아, 사물고 소리인가 보다. 시계를 보니 새벽 3시가 넘었다. 가만히 눈을 감고 소리에 귀를 기울였다. 법고가 울리기 시작한다.

둥둥둥 두둥 두두두두둥……. 삼라만상을 다 깨우고도 남을 만큼 크게 울리던 소리가 끊어질 듯 잦아들더니 다시 활개를 치며 살아나곤 또다시 잦아들며 흐느낀다. 저 북 앞에서 나비 같은 장삼을 휘날리며 힘찬 북채 놀림을 하실 스님의 몸짓도 그러할 것이다. 잠시 소리가 멎더니 이내 종의 울림이 사방으로 퍼진다. 귀에서 머리로, 다시 가슴으로 울려 퍼지는 그 장중한 소리가 땅바닥에 깔리어 방바닥으로 진군하듯 쳐들어와 사람을 일으키고 만다.

밖은 아직 캄캄하지만 어젯밤의 어둠과는 확연히 다른 새벽의 기운이 내 숨으로 훅 들어온다. 안채에 있던 스님들의 고무신발이 사라진 빈 댓돌이 눈에 들어온다. 사방을 둘러보았다. 희미한 전등불 아래 정겨운 고찰의 안마당이 드러난다. 넓은 대청마루의 옆방은 스님들의 처소인 것 같다. 그 옆으로 나 있는 툇마루를 끼고 'ㅁ'자 모양으로 배열된 작은 방들의 댓돌 위에는 각방의 주인들이 신고 온 신발들이 가지런하다. 대웅전 쪽에서 예불소리가 들려온다. "시-비앙-삼-세-" 사물고의 어떤 소리보다도 더 조화롭고 편안한, 인간의 몸에서 나오는 구성진 소리가 산사를 깨워 놓은 어지러움을 달래주듯 은은하게 울려 퍼진다.

방으로 들어오니 전등의 눈부심이 생경스럽다. 방바닥에는 주전자와 컵이 놓인 상이 달랑 있을 뿐이고, 벽에는 요와 이불을 널어놓은 대나무 횃대 외에는 아무 것도 없어서 작지만 내 한 몸을 마음껏 굴려도 충분히 넓을 것처럼 느껴지는 공간이다. 손을 머리 뒤로 깍지를 끼고 누워서 그동안 내 공간을 채우며 함께 살았던 사람들을 떠올려 본다. 이제는 홀연히 놓아도 될 것들의 무게를 줄곧 끌어안고 살아온 중년의 여인이 나를 바라보듯 고개를 든다. 내 안의 또 다른 내가 나를 이곳까지 떠밀었나. 바람보다 더 가벼운 존재가 되어서.

"공양하십시오." 행자승의 목소리가 문밖으로 지나가고 있다. 6시다. 공양간으로 가는 길에 만난 사람들은 한결같이 합장으로 인사를 하지만 서로 말이 없다. 가는 곳마다 붙여 놓은 '묵언'이라는 글귀가 내게도 말을 허락지 않는다. 500년은 넘음직한 고풍스런 공양간은 한꺼번에 몇 백 명은 족히 앉을 수 있을 정도로 넓었다. 이곳에 가득 차 공양을 했을 대중들의 모습이 그려진다. 주방 안에는 남녀 행자들이 부지런히 운력보시를 하고 있다. 파르스름하게 삭발한 그들의 머리에 마음이 아리하다. 힘들었어도 웃는 얼굴의 그들이 만들어 놓은 나물과 밥을 그냥 먹으려니 문득 미안한 마음도 든다. 일하지 않으면 먹지도 말라는 노스님의 훈계 때문인가. 밥을 먹으려면 일을 먼저 하라는 말이다. 일…, 그 일은 언제까지 해야 하는 걸까. 일 안 하고 살려면 얼마의 생을 남겨두고서일까.

공양을 마치고 나니 어느새 일반인들이 하나 둘, 올라오고 있다. 경내를 천천히 걸었다. 아침햇살이 마당에 화사하게 피어오르고 있다. 육백 살이 넘었다는 백매, 선암매가 자태를 드러냈지만, 이미 꽃잎은 지난 비와 함께 떨어져 땅바닥에 소복하다. 백매뿐 아니라 홍매와 산수유, 목련, 개나리가 모두 지고 잎들이 파릇하게 돋아나고 있다. 문득, 대웅전 아래 유난히 소담스럽게 핀 검붉은 목단이 눈에 들어왔다. 눈이 부시도록 화려한 자태가 고혹스러워 갑자기 코끝까지 찡해진다. 추운 겨울을 지나 저리 탐스러운 결실을 맺은 그 노력이 가상하구나! 무엇보다 내 앞에 '지금' 있어줘서 고맙고, 곧 낱장으로 떨어져 땅으로 돌아갈 거룩한 그 운명이 아름답다. 모든 생명 있는 것들의 아름다움 뒤에 도사리고 있는 슬픔이 나를 찌른다.

정호승 시인이 노래한 해우소가 눈에 들어온다. 사이ㅅ을 넣은 '뒤ㅅ간'이라는 현판 위로 두꺼운 기와를 머리에 얹고 정(丁)자 모양으로 버티고 서 있는 모습이 화장실이라고 하기엔 너무 늠름하다. 들어가는 넓은 입구부터 시작해서 남과 여로 갈라져 2열로 배치된 형태도 흥미롭다. 총 26칸이라 하니 얼마나 대중들이 많았던 절집이었는지 절로 짐작이 되고도 남는다. 시인은 눈물이 날 때, 여기 와서 실컷 쭈그리고 울고 나면 풀잎들이 손수건을 꺼내 눈물을 닦아주고 새들이 가슴 속으로 날아와 종소리를 울린다고 했다. 무섭기도 한 오래된 옛 화장실이라는 선입견을 시인이 비틀어 주어서인가, 아니면 거풍이 잘되어선지 과연 냄새도 안 난다.

조금 더 걷다보니 이슬 맞은 야생 차나무 밭에서 흘러 내려오는 약수를 받아 담고 다시 아래로 흘려보내는 네 개의 돌확들이 눈에 들어온다. 영화의 촬영지로도 나온 달마전의 안마당이다. 상탕, 중탕, 하탕, 허드렛물 탕으로 나뉘어 그 물의 쓰임새도 각자 다른 수각의 둥근 모양새가 정갈하다. 흘러넘치듯 내려가는 물로 몸과 마음을 적시면 건조한 내 안구도 곧 촉촉하게 물이 오를 것만 같다.

곧 있을 불탄일에 앞서 영산제를 모시느라 분주한 종무소에서 차를 한 잔 빼어들고 산사의 옆 담 아래 쪽 산책로를 따라 숲길로 내려갔다. 아, 숲은 이미 온천지가 유록빛 생명으로 아우성이다. 아름드리 줄참나무들의 이파리도 작은 함성처럼 새잎을 일제히 올리고 키 큰 편백나무의 뾰족한 연두물결이 아련히 눈을 어지럽힌다. 하늘이 보이지 않을 정도로 빼곡하게 올라간 대숲이 서늘한 산기운을 뿜어 내고 아침 햇살이 뚫고 내려오지 못한 그늘에는 아직 새벽안개가 도사리고 있다. 그 숲길을 지나 구부러진 담을 돌아오니 느닷없이 헤살스럽게 웃고 있는 야생화들이 펼쳐진다. 파랑, 노랑 제비꽃들도 웃고 연분홍 꽃비를 흩뿌렸을 산벚꽃나무에 남은 얼굴들도 살랑거리며 내게 눈웃음친다.

아, 오길 잘했다. 아무에게도 안 알리고 혼자 오길 잘했네. 맑고 시원한 공기만으로도 일체의 경계가 무너지는 대자연의 세계에서 비로소 살아 숨 쉬는 나의 영혼이 느껴진다. 모든 관습과 계율에 얽매이지 않고 살 수 있도록. 순간의 의식만을 일깨우며 살 수 있는 삶의 형태도 꿈꾸게 해 준다. 생활의 끈에 묶여 살아왔던 지금까지의 시간들은 어떤 또 다른 시간을 기다리기 위함이었던가. 지금 그곳에 도달했다는 생각이 들면 또 다른 결단을 내려야만 하는 필연의 과정들이 기다리곤 하지 않았던가. 지금, 나는 다시 자유로운 자리에 선 것 같아서 눈물이 난다. 바람처럼 흔들리는 경계에서.

점심공양을 마치고 방의 양쪽으로 나 있는 방문을 활짝 열고 책상 앞에 앉아 밖을 내다본다. 뒷마당의 담 앞에 있는 작은 화단에 닭장 같은 철망으로 된 우리가 있다. 이런 절간에서 저것이 어디에 쓰였을지 궁금했다. 설마 개나 병아리를 키운 것은 아닐 테지. 오는 길에 쌍계사 아래쪽의 찻집에서 얻은 한 줌의 햇 찻잎을 뜨거운 물에 담가 우려냈다. 싱그러운 맛이다. 술과는 다른 기세로 목구멍을 넘어가 살 속으로 살살 퍼져 나가는 그 기운을 즐기니 절로 눈이 감긴다. 낙원에 와 있는 것 같다. 고뇌어린 일상의 때가 소멸된 그 시간들, 혼자여서 더욱 황홀한 시간들이 나와 함께 있다. 잠깐 내비치던 햇살에 노곤한 잠이 쏟아지며 오수에 빠져들었다.

아련한 소리에 잠이 깨서 보니 어느새 비가 내리고 있었다. 자박자박 아늑하게도 내린다. 자욱하게 퍼진 산사의 차가운 공기가 방으로 들어온다. 빙긋이 열어 놓았던 방문을 닫고 방바닥에 누우니 빗소리의 운율이 마치 음악처럼 규칙적으로 들린다. 낙숫물 소리도 차르르르…… 흥겹기도, 슬프기도 한 묘한 외로움을 끼치며 빗소리가 귓가를 간질인다. 사랑의 도피를 한 수도원에서 외출 간 조르주 상드를 기다리던 쇼팽이 창가에 떨어지는 빗소리를 듣고 작곡한 빗방울 전주곡도 이처럼 적요한 풍경 속에서 태어났을 거란 짐작을 가만히 해본다.

5시가 되어 저녁 공양을 하고 나오니 고즈넉한 산사에 어느새 불을 켰는지 은은한 연등 길을 만들어 놓았다. 종무소의 불빛은 여전히 따뜻하고 마주치는 행자들과 수행자들은 모두 묵언수행 중인지 말이 없다. 하긴 예까지 와서 무슨 인간의 말을 섞을 일이 있겠는가. 침묵, 그 말없이 들어 올린 연꽃 한 송이가 가장 큰 언어이지 않은가. 어느덧 저녁예불을 알리는 법고 소리가 안개처럼 자욱한 비에 포위된 산사에 울려 퍼진다. 어디선가 산짐승 소리가 비명처럼 꺼억거린다. 저 영혼도 이제 곧 저 소리에 귀의하여 스스로 잠이 들겠지. 나도 이제 한층 어두워진 내방에 대낮같은 전등을 켜고 더욱 완벽하게 혼자가 되어야겠다.

무겁게 들고 온 책을 폈다. 『소설 태백산맥 그 현장을 찾아서』라는 김종오의 1992년도 책이다. 조정래가 태어나 자라난 이 선암사에서 읽기에 좋을 것 같아서 가지고 온 책이다. 어린 시절 소년 조정래가 목격한 '여순 사건'의 무자비한 살육의 현장에서 받은 마음의 상처. 그 헤아리기 힘든 많은 의문과 질문으로 탄생된 글이 『태백산맥』이 아니던가. 그래서 상처는 작가의 값진 자산이다. 그 자산이 내게 있다면 어떤 상처였을까.

가지고 온 또 하나의 책 『작가란 무엇인가』를 폈다. 바흐친, 벤야민, 푸코, 롤랑 바르트 등 19세기 이래로 큰 영향력을 끼친 시대의 지성들이 내는 다양한 목소리를 다룬, 박인기 편역의 97년도 책이다. 어떤 일관된 논지나 결론의 도출은 아니지만, 각 논자들의 확고한 입장들을 전개해 나가는 과정이 또한 흥미롭다. 작가란, 텍스트란 과연 어떤 의미를 가지고 내게 다가왔던가. 더욱 편한 자세로 다시금 기억을 더듬는다.

살아가는 이유에 대해서 의문이 생기기 시작할 때부터 내게 버릇처럼 생긴 속앓이가 '글'이었다. 복작복작 끓어오르는 그 욕구는 지금까지도 그 자리에 있다. 좀 더 과감하게 지금의 일들을 정리하고 순수작가로서의 길을 가고 싶은 마음이 얼마나 많았던가. 중년을 넘긴 지금까지도 내겐 그런 욕망이 벗어날 수 없는 감옥이 되어 있다. "돌은 단 두 개, 뒷 돌을 앞으로 옮겨 놓아가며 스스로 혼자 힘으로 강을 건너는 것, 그것이 문학의 징검다리다." 라고 말한 조정래는 오히려 그 곳에서 안주하는 삶을 살았기 때문에 '화려한 감옥'이라고 얘기한 것이었을까. 문득, 이 끝없는 가여운 욕망에서 놓여나고 싶다. 어디선가 풍경소리가 쟁그렁 울린다. 조계산 꼭대기에서 불어오는 바람소리가 내 가슴에도 쨍, 하고 울린다.

김희경

mind0903@hanmail.net

서울 출생
한양대 교육대학원 국어교육과 졸업
제16회 순수문학상 본상 수상
송림중학교 국어 교사로 재직 중
2001년 『순수문학』으로 등단
순수수필작가회, 한국문인협회 회원
수상수필집 『눈 내리는 날이면』 외 다수

그 날의 비

어제 오후부터 아침까지 계속 내린 비 때문일까. 하늘이 더욱 푸르고, 바람이 차갑게 감나무 잎을 스치고 지나간다. 여윈 낙숫물 소리가 가끔 그 사이로 들려온다. 비가 내리면 마음이 가라앉으며 까닭 모를 아련함과 함께 모락모락 김 오르는 커피잔이 떠오르던 시절이 있었다. 우수에 젖은 낭만의 추억이라고나 할지. 비가 오면 귀찮은 게 아니라 오히려 여유로운 삶의 시간을 확보하는 행운을 얻은 듯 은근히 즐겁기까지 했다.

그런데 비에 대한 이런 감상은 이제 남아 있지 않다. 지난 7월 27일 오전, 서울에 돌연 쏟아져 내린 595mm 호우! 그 날의 비는 우면산을 헤집어 17명을 숨지게 하고 400여 명을 대피시켰으며, 인근에 살던 나를 온통 휘저어놓았기 때문이다.

나는 이비인후과에 들러 일찌감치 치료를 받고 친구들과 만나기로 되어 있었다. 창밖을 보니 비가 내리고 있었다. 모처럼 '비 오는 날의 친구들 만남'이란 생각만 해도 멋지지 않은가. 기분이

들떠서 더 분주히 서둘렀다. 거의 준비가 끝날 무렵 밖을 내다보다가 이상한 점을 발견했다. 어느새 무릎 위까지 차오른 빗물 속을 마치 슬로비디오에서처럼 서로 붙잡고 조심스레 걸음을 옮기는가 하면, 문 앞에 나와 허둥대는 수많은 사람들. 즉시 현관으로 내달았다.

문을 연 순간 나는 말문이 막혔다. 누런 흙탕물이 골목을 거세게 흘러와 내 눈 앞에서 쏜살같이 오른쪽으로 향하더니 한길가의 흙탕물과 합류해 우당탕퉁탕 흘러갔다. 가방이며 신발이며 어디서 꺾였는지 모를 엄청난 나뭇가지들이 힘없이 휩쓸려 간다. 마치 황하의 물살을 보는 듯했다고 하면 지나친 말일는지. 빗물이 우리 집 현관문 앞 두 개의 계단을 올라와 마지막 하나의 계단도 이미 반쯤 차오른 상태. 조금만 더 비가 오면 이 현관문을 넘겠구나 생각하는 순간 몸이 와들와들 떨리며 와락 겁이 났다.

뒤따라온 동생 유진은 "어어!" 소리만 하는 내가 이상했던지 밖을 내다보고는 "큰일 났다!"고 외치더니,

"언니, 이거 물길 내야 하는 거 아냐? 얼마 전 텔레비전에서 봤는데, 물은 물길 따라 가는 거라고, 그걸 이용해야 한다던데. 바깥의, 이 보일러실 지붕에 뭘 씌울 만한 게 없어?"

그때 머릿속에 섬광처럼 떠오른 건 '커튼'이었다. 난방을 해도 스며드는 겨울철 냉기를 어쩔 수 없어 이중 커튼 뒤에 비장의 무기 숨기듯 쳐 놓았었던 것을 그대로 두길 잘 했다 싶었다. 갑자기

어디서 물길 낼 재료를 마련한단 말인가. 두꺼운 비닐 커튼을 가위로 마구 자르기 시작했다. 그리곤 유진이가 비를 맞아가며 보일러실 지붕 위에 올라가 그걸 씌우고 밑으로 길게 드리우자, 사나운 물살이 기다렸다는 듯이 그를 바닥으로 끌리게 하며 세차게 흘러갔다. 옆집 아주머니도 우리를 보고는 김장할 때 쓰던 비닐을 찾아내서 집으로 향하는 물의 공격을 막았다.

한숨 돌리며 들어오는데 어디서 "쏴아" 물 쏟아지는 소리가 엄청나게 크게 들린다. 이건 또 뭔가? 지하로 뛰어 내려가 지하실 문을 열었다. 천장에 있는 여러 가지 배관 중 하나에서 누런 그 흙탕물 굵은 물줄기가 폭포수처럼 마구 쏟아져 내리고 있었다. 위에선 전화벨이 사이렌처럼 울린다. 친구 정연이가 "괜찮니? 지금 TV에서 봤어. 우면산이 쓸려 내려갔대! 사당역 주변이 온통 넘쳐서 물난리래!" 그렇게 외치고 있다.

바깥에선 강물 같은 흙탕물이 달려들듯 흘러오고, 집안에선 그 흙탕물이 우리를 삼킬 듯 쏟아져 내리고! 흙탕물을 양동이에 받아 하수구로 받아내며 머릿속에선 생각이 빠르게 회전했다. '이렇게 하다 내가 감당을 못하면 물이 차 넘칠 테지! 물이 붇는 속도는 엄청 빨라. 어머니를 어디로 피신을 시켜드릴 수도 없어. 안팎이 몽땅 빗물이니. 지금 우리를 도와줄 사람도 없어. 내가 엄마를 업고 저 꼭대기 다락방까지 올라갈 수밖에! 할 수 있을까? 해야 돼!' 마음을 다잡으며 후들후들 떨리는 다리로 아래층, 위층을 오르락내리락 하였다. 하수구로 물을 쏟아버리다가는 위로 뛰어올라가 바깥 상황을 보기도 하고 다시 물을 퍼내며 초조한 시간이 흐르는데, 어느 순간 쏟아지던 물줄기가 딱 그쳤다. 바깥의 빗줄기도 멈췄다. 동네 도로를 점령했던 흙탕물도 줄어들었다. 순간 이동으로 지옥에서 간신히 탈출해 온 듯 아찔한 안도감과 함께 야릇한 불안감이 나를 감쌌다.

힘들고 무서웠던 시간을 팽개치고 이집 저집에서 사람들이 모두 밖으로 쏟아져 나왔다. 나중에 안 것이지만 물폭탄을 맞은 남부순환도로 쪽 우면산과 남태령 쪽 우면산 전원마을에서 산사태가 난 것이었다. 흙탕물이 몰고 온 토사는 집 앞이고 길거리고 자동차 밑이고 헤아릴 수 없었다. 도로는 누런 진흙길이 되어 버렸다. 다시 내리는 빗속에서도 사람들은 우비를 입고, 우산을 쓰고, 혹은 비를 맞으며 일에 매달렸다. 새벽녘까지 포클레인과 청소차가 진흙을 긁고 쓰레기를 치워가는 소리에 가뜩이나 예민해진 가슴은 잠들 수 없었다. 단단한 참진흙을 퍼내고 오물을 치우고, 물로 씻어 내렸다. 자동차 바퀴에 걸린 나뭇가지는 거두어 냈지만 뻘건 토사는 떼어 내기가 무척 어려웠다.

그 후 시간은 고된 작업 속에서 지나갔다. 아침부터 달려 나와 팔을 걷어붙이고 복구에 힘쓰는 사람들 틈에서 같이 비를 맞고 땀을 흘렸다. 비 그친 뒤 햇볕이 따가운 동네 곳곳엔 침수지역 복구를 위해 자원봉사 수백 명이 다녀가고, 군인들이 지친 얼굴로 봉사를 마치고 가곤 했다. 마치 전쟁이 끝난 뒤 덩그마니 남겨진 듯 황량하고 메마른 느낌이 들었다. 머리가 텅 빈 것 같고, 가슴에 휑하니 바람이 부는 것 같았다.

하지만, 엄청난 일들을 당한 이웃의 일을 생각하면 우리는 아무것도 아니라고 생각했다. 그 황당한 일로 슬픔을 겪은 분들의 마음을 어떻게 위로할 수 있을까! 이곳에 시집 와 60년을 사는 동안 이런 일은 평생에 처음이라며 몸을 부르르 떠시던 동네 팔십 노인의 얼굴이 떠오른다. 이 일 이후로 나도 빗방울만 떨어지면 가슴이 쿵쾅거리는 이상한 증세가 생겼다. 출근길에 우면산을 지나면서 가로수로 눈길이 갔다. 뽑혀져 나간 나무들의 빈자리가 눈에 띈다. 쓰나미처럼 닥친 흙탕물과 토사를 겪고 살아남은 가로수는 겉껍질이 벗겨지고 속살을 드러내면서도 나뭇잎의 색깔을 달리하고 있었다. 그들에게도 가슴이 쿵쾅거리는 증세가 생기지 않았으려나.

비는 또 내리겠지만 그날의 비는 다시 내리지 않을 것이다. 시간이 가면 잊혀지는 기억 속에서 그 날의 비가 준 아픔도 조금씩 사라져 가리라. 바람을 타고 가볍게 떨어지는 나뭇잎처럼.

아가씨, 연세는

"으하하하!"

어머니께서 계곡에서 떨어지는 물방울처럼 시원하게 웃으신다. 그 바람에 모두 웃음을 터뜨려 동네 사랑방이 금세 즐거워지는 건 언제나 기분 좋은 일이다. 가위를 들고 일하던 엘르 미용실 원장님은 오늘도 배꼽을 잡고, 그곳에 매일 놀러오다시피 하신다는 앞집 할머니도, 둥글넓적 아주머니도 얼굴 가득 웃음꽃이 핀다.

그분을 처음 뵌 건 지난 해 겨울이었다. 구석구석 햇살이 퍼지는 따스한 날이었다. 어머니를 모시고 벼르고 벼르던 미용실에 들렀다. 동네 미용실이라 한가할 줄 알고 무작정 갔는데, 작은 공간에 손님이 꽤 있었다. 준비성 없음을 후회하면서 어머니 앉으실 곳을 찾느라 두리번거렸다. 마침 지팡이를 짚은 어머니 손을 덥석 잡으며 자리를 양보하는 사람이 있어서 한숨 돌렸다. 하얗고 둥글넓적한 얼굴에 함박웃음을 띤, 초로의 여인이었다. 초승달 같은 눈썹 밑에서 웃으면 감기는 눈이 친근하게 다가왔다.

파마를 하느라 모자를 뒤집어 쓴 아줌마들은 이런저런 얘기로 기다리는 지루함을 덜고 있었다. 어머니도 이야기를 들으며 머리 다듬을 차례를 기다리셨다. 그런데 그때, 어머니께 자리를 내 준 그 아주머니가 느닷없이 어머니께 이렇게 묻는 게 아닌가.

"아가씨, 연세는?"

좌중은 모두 눈을 휘둥그레 뜨고, 실내는 조용해졌다. 일시에 그 여인을 향했다. 여인의 눈은 어머니를 보며 웃고 있었다. 당황한 어머니는 물끄러미 나를 바라보셨다. 나도 어떻게 해야 할지 몰라 어머니와 그분을 번갈아 보았다.

"연세가 어떻게 되세요? 기분 나쁘세요? 아가씨라고 해서요? 이렇게 뵈니 새록새록 제 어머니 생각이 나서요. 작년에 구십 연세로 돌아가셨거든요. 시간이 지날수록 더욱 생각이 나고 늘 뵙고 싶어져요. 기분 나쁘셨다면 용서하세요!"

여인은 고개까지 숙이며 어머니께 사과를 했다. 그리고 시어머니 모시고 홀로 다섯 아이를 키우며 살아온 이야기를 하는데 고생한 내용이 구구절절 이어진다. 그 고단한 삶을 이기고 잘 일궈낼 수 있었던 것은 자기 어머니의 한결같은 사랑과 지지 덕분이었다고 한다. 그러더니 자기는 살기가 바쁘다는 핑계로 이렇게 모시고 미장원에 한 번 가본 적도 없다면서 눈물을 글썽인다.

"우리 친정어머니가 웃으며 살라고 말씀하시곤 했는데. 저도 웃으며 살고 싶은데 웃을 일이 없더라고요. 엄마 떠나신 후 참 많이 생각했어요. 그래서 맘먹었죠. 이제부터는 웃을 일이 없어도 만들면서 살자고! 어르신, 기분 나쁘셨다면 죄송해요!"

그때, 어머니께서 환하게 웃으며 말씀하셨다.

"내 나이가 여든 여덟이요. 난 괜찮수. 고생 많이 하셨구려. 아가씨! 거 정말 얼마 만에 들어보는 말인가! 아이구, 아가씨라니! 하하하!"

비로소 미용실에서 밝은 웃음소리가 터져 나왔다. 그날 그 분은 머리단장을 끝내고 돌아갈 때 어머니께 깊이 머리 숙여 인사를 하더니 미용실 문이 닫히기 전 갑자기 고개를 돌려 말했다. 손까지 예쁘게 흔들며, "아가씨, 안녕!"이라고. 미용실은 또 한 번 웃음바다가 돼 버렸다.

그 후로 미용실에서 만날 때마다 일명 그 둥글넓적 아주머니는 어머니께 안길 듯 달려들어 손을 잡으며 인사를 드리곤 한다. "아가씨, 연세는?" 이렇게 말하며. 처음의 황당함과는 다르게 들을 때마다 언제나 신선한 느낌으로 폭소를 선사하는 게 자못 신기하기만 하다. 그러면서 우리가 일상 중에서 정말 신나게 웃는 일이 별로 없다는 것을 생각하게 되었다.

아기일 때는 하루에 삼백 번도 넘게 얼굴 근육을 움직이며 방긋방긋 웃는다는데 커가면서 점점 그 횟수가 줄어든다고 한다. 지하철을 이용하다 보면 입을 꽉 다물고 있는 굳은 얼굴을 쉽게 마주

할 수 있다. 하루 일을 마치고 컴퓨터를 끄면서 어두워진 모니터에 비친 딱딱한 표정의 내 얼굴을 보고 놀란 적도 있다. 사실상 어른들은 신바람 나게 웃고 싶어도 어디 웃을 일이 그리 많던가.

웃으면 웃을수록 웃을 일은 점점 더 많아진다는데. 특히 소리 내서 웃으면 그 소리가 뇌에 전달되어 엔돌핀 분비를 촉진시킨다니 건강에도 좋고 즐거움도 배가 된다고. '일소일소 일노일로(一笑一少 一怒一老)'라는 말도 있지 않은가. 한 번 웃으면 그만큼 더 젊어지고, 한 번 화내면 그만큼 늙는다는 말이다. 결국 웃으면 장수한다는 뜻으로 웃음을 간과해서는 아니 되리라. 10초간 웃으면, 3분간 노를 저은 것과 같고 4분간 조깅한 것과 같은 효과가 있다고 한다. 행복해서 웃는 게 아니라 웃어서 행복해진다는 평범한 웃음의 진리를 새삼 상기하게 된다.

둥글넓적 그 여인처럼 웃을 일을 만들며 살 수 있는 것도 세월이 가르친 지혜 아닐까. 모두에게 웃음이 전파되던 첫 만남의 순간은 언제 떠올려도 생생하다. 그리고 그때 일을 생각하면 입가에 웃음이 감돌고 언제나 마음이 따뜻해진다. 소리 내서 웃으실 일이 별로 없던 어머니와 주변 사람들을 늘 한바탕 웃게 하는 말이 다시 들리는 듯하다. 백목련처럼 웃음 짓던 둥글넓적 아주머니의 그 말, '아가씨 연세는?'이.

오미자에 마음을 담고

집에서 전화가 왔다. 문경 오미자가 택배로 왔는데, 뭐가 이리도 많은 거냐고 유진이가 놀라워한다. 어떻게 할 거냐고 다그친다. 내가 해결할 테니 염려 말라고 큰 소리를 쳤다. 옆에 앉은 안 선생이 지난 해 담근 오미자 원액을 주어서 아끼며 먹었는데, 색이 곱고 맛도 아주 좋아 가족들이 좋아했다. 내가 그 얘기를 했더니 그거 담그기 쉬우니 한 번 해 보라고 한다. 싼 값에 색깔 예쁘고 맛도 좋은 오미자차를 먹을 즐거운 기대에 난 드디어 결심을 했다. 그래서 안 선생님이 주문할 때 내 것도 부탁을 했던 것인데 이제야 도착했다. 설레는 마음으로 오미자 상자를 가장 시원한 다용도실에 두었다. 풀어보지 못하고 하루가 갔다. 설탕과 용기가 준비되지 못했기 때문이다. 난생 처음 10킬로그램 오미자 상자를 대하고 유진은 "헉!" 하고 놀랐다고 한다. 나 역시 그랬지만 알아서 하라는 유진 앞에서 차마 내색조차 할 수 없었다.

다음날, 퇴근하여 만사를 제치고 L마트로 향했다. 내가 담글게 걱정이 되었던지 안 선생이 수소문하여 그곳에 오미자청 담글 큰 병이 있다는 것을 확인하고 갔던 길이다. 그런데 아무리 이리저리 살펴보아도 분명히 유리병 집단 속에는 내가 사야 할 1.8리터 유리병은 없었다. 직원에게 있다던 상품은 없고 '품절'이란 표시는 웬 거냐고 문의하니 이곳저곳에 전화를 한다. 죄송하다며 잠시 기다리면 가져다준다고 한다. 설탕을 10킬로그램 사라고 했던 안 선생 말대로 설탕을 사고 돌아와서도 한참을 기다렸다. '내가 왜 오미자를 욕심내서 이 고생인가!' 이렇게 생각하니 열이 나기 시작했다. 얼굴이 화끈거릴 즈음 나타난 유리병은 압권이었다. 어찌나 큰지 겁이 나서 순간 포기할까도 생각했지만, 집에서 기다리는 오미자를 떠올리며 꾹 참았다. 차에 싣고 가면서 기분이 점점 침울해져 갔다.

내가 준비한 설탕과 유리병을 보고 유진이는 또 한 번 "헉!"하고 놀랐다. 나는 걱정스럽고 후회되는 마음을 나타내지도 못하고 유리병을 깨끗이 닦았다. 오미자 상자를 식탁 위에 놓고 드디어 개봉 박두! 뚜껑을 여니 시큼한 냄새와 함께 비닐에 잘 포장된 오미자의 자태가 드러났다. 방금 전까지 마음속에 들끓던 후회의 마음이 일시에 사라졌다. 마치 자홍색의 머루포도 송이를 잡고 있는 듯했다. 붉은 구슬이 아롱다롱 매달린 고 어여쁨이라니! 싱크대에 그릇을 놓고 물을 받아 씻어서 채반 위에 놓아 물을 빼는 일에 착수했다. 유진은 시큰둥하던 때와는 달리 "어머, 예쁘다!"를 연발하며 나를 제치고 오미자 관리에 들어갔다. 그렇게 해서 오미자는 그날 밤으로 편안히 목욕재계하고 채반 위에서 뽀송뽀송 마르기를 기다리며 잠이 들었다.

다음 날, 퇴근하고 집에 돌아오니 물이 잘 빠진 오미자들이 탱글탱글한 얼굴로 날 맞이하였다. 여전히 매력적인 자태가 빛났다. 유리병에 오미자 한 켜, 설탕 한 켜, 다시 오미자와 설탕을 한 켜씩 번갈아 채워 나갔다. 마지막으로 설탕을 그득 넣어 마무리하고 랩을 씌운 후 뚜껑을 꼭 닫았다. 그 큰 유리병 속에서 오미자는 커다란 줄무늬를 그리며 예쁘게 자리를 잡고 앉았다. 큰일을 해냈을 때처럼 뿌듯함이 가슴 가득 밀려왔다.

매일 퇴근하고 오면 오미자병 앞에서 문안 인사를 여쭙는다. 보면 볼수록 어여쁘다. 하루가 다르게 변한다. 어제까지 설탕이 있더니, 오늘은 그것이 녹아 붉은 물이 생기기 시작한다. 다음 날엔 오미자가 쑤욱 올라와 있다. 아래쪽은 붉다 못해 검기까지 한 오미자물이 점점 영역을 넓힌다. 셋째 날엔 그 물이 넘쳐 흘렀다. 왜 그럴까 궁리하다 안 선생에게 물었더니 그러다가 터지는 수도 있다고 하는 게 아닌가. 부랴부랴 뚜껑을 열고 오미자를 일부 덜어냈다. 작은 병에 담고 참이슬 소주 한 병을 부었다. 떡 본 김에 제사 지낸다고 얼떨결에 오미자술까지 담갔다. 어려운 일을 해결한 뒤의 후련함으로 병을 젖은 행주로 깨끗이 다시 닦으며 병을 들여다보면 작고 귀여운 오미자들이 꼬옥 끌어안고 있다. 마치 귀여운 나의 제자들 같다.

하나의 열매가 신맛, 단맛, 쓴맛, 짠맛, 떫은맛의 다섯 가지 맛을 낸다 하여 오미자(五味子)라는 이름이 붙여졌다고 한다. 여러 가지 효험이 있다지만 피곤할 때 차로 마시면 더할 나위 없이 좋다는 오미자. 그가 지닌 맛을 무엇에 비길까. 예쁜 구슬 같은 모양, 눈에 쏙 들어오는 자홍색, 가지에 달린 고운 자태, 걱정을 탄성으로 바꾸는 매력, 유리병 속에서 아름답게 하루하루 달라져가는 변화의 맛이 아닐지.

며칠 동안 오미자로 인해 속을 끓이고, 그것을 바라보며 기쁨을 느끼고, 문제를 해결하고, 변화하는 과정을 체험하다 보니 아이들이 생각났다. 그것은 마치 각양각색의 서로 다름을 갖고 전체로서 잘 어울리는 어린 학생들 같다는 생각이 들었다. 여름방학이 끝나고 학교로 돌아온 아이들의 부쩍 자란 모습은 입가에 웃음을 짓게 하고 힘나게 한다. 건강하고 순수하여 자신만의 색깔이 있으며 꿈을 지녔고, 하루가 다르게 커가는 변화를 내재하고 있다. 오미자병 속에서 변화가 일어나듯이 우리 아이들의 가슴 속에서도 오미자처럼 붉고 예쁜 변화가 일어나기를 기대해 본다.

오늘도 나는 오미자에 마음을 담아 즐거운 손짓으로 병을 닦아주었다. 나의 정성스러운 알현을 그들은 알아주려나. 3개월 뒤에 위로 떠오른 모든 오미자를 거둬 낼 때쯤이면 아이들도 한걸음 더 꿈을 향해 가 있을지 궁금해진다.

김선영

ejkim6274@hanmail.net

- 아름다움 속에 감춰진 비애
- 세월은 가도 남아 흐르는 향기
- 부활된 사랑의 메시지

본명 은자銀子
이화여대 국문학과 졸업, 성균관 무역 대학원 수료
한국문협 수필반 및 중대에세이 과정수료
<문학마을>로 등단
한국문협회원, 이대동창문인회 및 에세이문학 이사
문춘문학회 회원

아름다움 속에 감춰진 비애

봄부터 계획은 했으면서도 결행을 못하고 있다. 7월의 마지막 날, '드디어'라고 하면 좀 거창하게 들릴지 모르지만 크루즈관광선에 몸을 싣고 한여름에 겨울을 만날 요량으로 길 위에 첫발을 올려놓았다. 목적지를 굳이 알래스카로 정한 것은 말로만 듣던 '빙하'— 얼어 있던 강이 화석연료의 과도한 사용으로 인해 대기 중에 이산화탄소가 증가하게 된 과제와 상관되어서이다. 물론 이곳뿐만 아니라 세계적으로 온난화가 본격적으로 추진되고 있는 탓에 이 상태가 개선되지 않고선 얼마 후엔 그 장관을 접하지 못하게 될 수도 있다고 해서였다.

사실 이런 사태가 빚어진 것은 우리가 당장 편하고 값싸게 구입할 수 있다는 이유로 환경문제 등은 고려하지 않고 마구 사용했던 석탄이나 석유 등 땔감의 탓이다. 확대해석할 경우 '도둑은 꼭 나중에 범행현장에 모습을 드러낸다.'는 말이 남들 얘기만은 아니라 옛 어른들의 말씀 중 그른 것이 없음을 또 한 번 더 확인하는 계기가 되었다. 이번 여행을 준비하며 보다 확실하게 알게 된 사실은 지구의 평균온도가 평균 15℃정도를 지속적으로 유지해야만 이제까지 살아온 것처럼 별 탈 없이 살 수 있다는 것만이 아니다. 각국이 경쟁적으로 산업화에 총력을 기울이고 있어 나날이 이산화탄소와 질소 그리고 메탄 및 프레온가스 등이 지구의 권역권 밖으로 배출되어야 하는데 그러질 못해 문제가 심각한 상황에까지 이르게 되었다는 점 등이었다.

알래스카로 가기 위한 교통편 중 크루즈를 이용하기 위해선 밴쿠버나 미국의 시애틀 두 노선 중 하나를 선택해야 하기에 캐나다를 통해 가기로 마음을 정하였다. 인천공항에서 출발해 밴쿠버로 가 그곳에서 버스를 타고 부두에 도착해 입출국수속을 마친 후 홀랜드 아메리카 라인의 '자이더댐 호'에서 내준 승선ID 카드를 목에 걸고 일행 속에 합류했다.

알래스카는 캐나다 북서쪽에 있는 미국의 역외 주(域外州)로 면적은 151만 9천㎢나 되는 광활한 지역이다. 하지만 인구밀도는 세계에서 가장 적고 더구나 이 중 원주민은 전체인원의 7분의 1에 불과하다고 하니 불과 250년 만에 알래스카는 정체성을 잃고 미국영토가 된 폭이 된다.

원래 이곳은 1741년 덴마크의 탐험가 비투스 조나센 베링이 발견하기 전까지는 알려지지 않았던 대륙이나 이후 제정러시아 소유의 영토였다. 1867년의 합법적 조약체결에 의해 미국에 양도되어 현재는 인구수가 60만을 조금 넘어 하원의원 1명이 이곳의 대표로 미국의회의 의정에 참여하고 있다.

우리 일행은 승선 후 한동안 기대를 안고 이동해 알래스카 권역 안으로 들어서 협곡 '트레이시 암 Tracy Arms'을 스쳐 지나며 주변사방을 선상에서 둘러보았다. 이곳은 빙하와 야생화가 어울려 절경을 이루고 있는 곳이다. 그런데, 그날도 문명의 때가 묻지 않은 이들은 누가 보든 말든 아름다움의 극치를 연출하며 스스로 만족해하는 것처럼 보였다.

바다 위에 떠다니는 빙하조각들 사이를 누비며 때론 꼬리를 곧추세우고 잠수를 계속하는 고래의 곡예를 볼 수 있는 곳이라고 가이드가 소개했다. 그러나 그날 우린 고래의 환상적인 서커스는 보질 못해 다만 상상을 통해서 가지각색의 옥색얼음덩이 사이를 누비며 재주를 피우는 고래를 머릿속에 그려보는 것으로 아쉬움을 달랠 수밖에 없었다.

사람들 말로는 캐나다의 내륙지방에서도 빙하가 녹아내려 근방 호수물의 빛깔이 이곳과 같은 곳이 여러 군데 있다고 하니, 이는 그만큼 지구환경이 위기를 향해 치닫고 있는 증거일 테니…. 어떤 방도를 취해야만 할 것이다. 후손들의 땅을 빌려 사용하고 있는 입장에서 살 수 없는 곳으로 만들어 돌려주는 것은 임차인의 도리가 아니기 때문이다.

이어 만난 알래스카의 한 지역은 '주노Juneau'였다. 이곳은 알래스카 주 동남부에 소재하고 알렉산더제도와 면하여 있는 항구도시로 어업과 상업의 중심지로 널리 알려진 곳이다. 특히 사냥과 래프팅 등 다양한 레포츠를 즐길 수 있는 곳이라, 이 지방에 온 많은 사람들 사이에 '연어를 구워 먹었던 곳'으로 기억되는 곳이라고 했다.

마치 이곳은 분위기부터가 우리나라의 봄철과 같아 일행 중 몇 명과 함께 비교적 간편한 복장에 운동화차림으로 200년 전에 형성되어 아직도 건재한 '멘델 홀 빙하'를 볼 수 있었다. 또 중형모터보트에 태워 바다를 누비고 있는 흑등이나 범고래 그리고 바다표범 등 바다생물들을 만날 수 있었고 현지에서 직접 주조한 맥주와 연어 및 닭 숯불구이 맛도 봤다. 이곳에서 특히 인상적이었던 것은 얼음 속에서도 수목이 초록빛을 띠고 있어 그들의 강한 생명력을 눈으로 대면한 일이다. 뿐만 아니라 우리 땅 곳곳에서 봄이면 늘 보던 진달래처럼 생긴 꽃들도 곳곳에 피어 있어 동심으로 돌아가 녹아내린 물이 모여 큰 호수를 이룬 곳의 가장자리로 다가가 물에 손을 담가보기도 했다.

여행은 이처럼 주변사람들의 눈을 크게 의식하지 않아도 되고 순간순간 마음이나마 어렸던 때로 돌아갈 수 있어 좋았다. 이 멀리까지 일부러 찾아와 해방감을 느껴보는 것일 테니 잡지 못하게 줄행랑을 치고 있는 시간이 아깝기만 했다. 사실 누가 뭐라고 해서가 아니라 스스로 자신을 옭아매고 살고들 있으니…. 이런 상황과 방문객들의 마음을 하늘이 헤아려선지 슬그머니 이슬비를 뿌려 옷과 머리를 적셔주어 일부러 피하지 않고 고개를 쳐들고 하늘 쪽을 올려다봤다. 늘 머리에 이고 살면서도 오랜만에 올려다본 하늘엔 우연이었을까, 이곳이 미국영토라는 것을 확인시키려는 듯 '흰머리 독수리' 몇 마리가 공중을 가로질러 날고 있었다.

'스케그 웨이Skagway'는 알래스카 남부 인디언족인 틀링깃족의 언어에서 유래된 길의 이름으로 '북풍의 집'으로 불리고 있다. 팬핸들 지역인 서남부 해안을 따라 패리호가 오가는 해상고속도로의 길목에 있는 아주 작은 마을이다.

1800년대에는 '금광찾기 붐'의 행렬이 시작된 곳으로 유콘지역 협괴열차 해양 동물들이 박제된 전시관을 둘러봤으며 이후에 우리가 찾아간 곳은 마지막 기항지인 '케치칸 Ketchikan'이다.

원주민 인디언 말로 '독수리의 펼친 날개'라는 말에서 유래된 이곳은 대륙의 남동부지역에 있으며 1898년 골드러시 때 광부들이 몰려들면서 마을로 발전하게 된 곳으로 부근 일대는 울창한 침엽수림으로 둘러쳐져 있다.

특히 이곳은 구리나 은 등의 채굴로 광산업이 일찍부터 발달한 곳이란다. 주변에 인디언의 토템공원이나 토템바이트가 곳곳에 자리 잡고 있었는데, 이 모두가 채굴지라는 이곳의 특성과 무관치 않을 것이다. 기념품을 판매하는 상점들과 레스토랑이 있는 이곳이 이전에는 매춘의 거리였다고 했다. 한때의 영화의 흔적은 쉽게 지워지지 않아서 그런지 케치칸의 많은 마을들이 여전히 화려한 빛깔로 남아 있다. 특히 인디언 특유의 화려한 조형물뿐만 아니라 단청을 한 기둥들이 남아 있어 인디언에 대한 향수를 느끼게 했다.

또한 덴져네스클럽은 알래스카식 접대로 푸짐하게 접대해준 바닷가 롯지의 기억도 잊을 수 없는 명소의 하나로 기억된다.

이밖에도 알라스카는 무진장한 유적의 보고로 '아는 것만큼 보인다.'는 말처럼 발품만 팔면 얼마든지 많은 인류의 유산을 발견할 수 있었다. 문명한 세상에 아직 파들어 가야 할 여지가 무궁한 곳이 남아 있다는 것은 분명 축복된 일일 것이다

아직도 내 귀엔 북풍이 달려가며 내는 소리가 들리는 듯하다. 그래서 나는 이것이 끝이 아니라 시작으로 여길 것이다.

세월은 가도 남아 흐르는 향기

'세시봉C'est si bon'은 오래 전에 서울 한복판에 있었던 음악감상실로 지금은 이 이름을 기억할 사람이 많지 않을 듯해 잊힌 이름으로 알았었다. 그런데 어느 날, 1960년대 중반부터 우리 대중음악을 이끌어온 가수들인 조영남, 송창식, 윤형주, 김세환 등 이전의 세시봉 멤버들이 한 텔레비전 방송프로에 출연해 그들이 당시 불렀던 노래와 함께 해묵은 에피소드를 쏟아내면서 이 음악감상실의 이름이 장안의 화제가 되어 모르는 사람이 없을 정도가 되었다. 중장년 세대의 향수를 흔들어놓았기 때문이고, 당시 금지곡으로 묶여 있던 민중가요를 비롯해 앨비스 프레슬리나 비틀즈 등의 팝 음악까지 들려주어서였다.

사실 이것은 누가 의도해서 그렇게 된 것이라기보다는 세월의 흐름이 만들어낸 일종의 '사변'으로도 볼 수 있다. '고목나무에서도 꽃이 필 수 있다.'는 말의 내재적 의미를 새롭게 인식시킨 예로 보아도 좋을 듯했다. 이런 사회 분위기에 편승해선지 몇 년을 벼르기만 할 뿐 실행에 옮길 계기가 마련돼 명동엘 갈 일이 생겨 추억을 안고 나갔다.

그러나 이전과는 달리 명동은 중국에서 온 단체관광객들이나 일본인들을 비롯해 피부색이 다른 외국인들이 거리를 채우고 있어 한때 자주 드나들어 낯익었던 풍경과는 전혀 달라져 오히려 더 어리둥절했다. 친구와 문예서점 앞에서 만나기로 했었기에 명동 입구에 있던 그 서점을 아무리 찾아도 모습을 드러내지 않아 그 주변지역을 배회하고 있는데, 전화벨이 울렸다.

"너 어디 있니?"

"옛 미도파 건너편 입구에 있어."

라고 대답했더니 친구 왈(曰)

"너 좀 똑똑해져야하겠다!"며 호통을 친다.

그러면서 친구는 무슨 백화점 앞이라고 해야 한다고 했는데, 처음 듣는 이름이라 알아듣지 못하고 '뭐라고?'라며 되물었더니, 이번에는 '곰팡이가 잔뜩 낀 머리를 세탁해야 하겠다.'며 재차 또 한 방을 날린다.

이전의 명동이 이젠 화장품이나 옷집들의 전시장처럼 변해 있어 마땅히 지형지물로 삼을만한 어떤 것도 눈에 띠지 않아 난감했다. 한참을 서 있었더니 친구가 찾아와, 이전 부산에서 올라와 대학에 다닐 때 함께 자주 다녔던 길을 따라 걸어보기로 했다.

유네스코 옆 좁은 골목으로 해서 충무로 길과 맞닿는 지점에 있는 사보이호텔 앞까지는 다방과 술집을 비롯해 양장점이나 선물용 물품을 파는 가게들이 하늘의 별만큼이나 많았고 골목 입구엔 공초 오상순 시인이 당신을 만나려하거나 뵈러오는 이들을 맞던 '청동찻집'이 있었는데…. 이런 곳은 자취조차 없어지고 대신 그때의 기억만 남아 있어 그때의 상황은 마치 대낮에 하늘을 올려다보며 별자리를 찾는 것과 다르지 않았다. "지금 그 사람 이름은 잊었지만 그 눈동자 입술은 내 가슴에 있네. 바람이 불고 비가 올 때도 나는 저 유리창 밖 가로등 그늘에 밤을 잊지 못하지." 그대로였다.

그때, 이젠 우리들 곁을 영원히 떠난 희선이와 함께 선생님께 드릴 담배를 사들고 뵈러갔었고, 선생님은 우리들 앞에 일종의 방명록과 같은 메모장을 내놓아주셔 몇 자씩 적어놓고 오곤 했었다. 그때가 6·25동란 직후인데도 찻집을 찾는 사람들이 그렇게 많았던 것을 보면, 그만큼 외롭고 또 마음이 답답해서였을 것인데…….

우리들의 문학은 그때부터 움을 키워왔는지도 모른다.

희선이는 시인으로 살다갔다.

그때의 명동엔 지금과 달리 나름의 낭만이 있었다.

물론 그때나 지금이나 명동은 여전히 붐비긴 하지만 찾는 이유는 달랐을 것이다. 그땐 골목 가득히 커피향이 흘렀었고 'OB캐빈'에서 들려오는 노래가 파도소리처럼 몰려와 도시 한복판에서 바다를 만날 수 있었다. '돌체'에서 만들어 길에 뿌려놓는 클래식음악을 들으며 친구를 기다릴 수 있었고, 리어카가 오가는 길 한쪽에는 '송옥'이나 '노라노' 같은 양장점, 명동성당 앞 골목엔 이런저런 먹을거리가 곳곳에 풍성했었다. 무엇보다 지금과 다른 점은 젊은이들보다는 나이가 지긋한 분들이 더 많아 재잘거리며 흐르는 냇물이 아닌 강이나 바다와 같은 중후함이 느껴졌었다.

그때의 시공관은 후에 '명동예술극장'으로 이름이 바뀌었을 뿐 여전히 그 자리를 지키고 있어 예술인들을 명동으로 불러들였었다. 이들은 포장마차의 오뎅 국물로 목을 축이며 소주잔을 기울이곤 했지만 가슴 속에 따뜻함을 품고 있어 이때 박인환 시인의 시에 이진섭이 곡을 붙인 <세월이 가면>은 명동사람들이 자주 부르던 애창곡이었다. 그러기에 지금도 그때를 떠올리면 그 노래가 읊조려져 이게 사람들 사이로 강물처럼 번져 합창이 될 것 같은 환상에 젖기도 한다.

이때는 미국이민이 유행하던 때라 친구들은 내게서 이 노래를 배워가곤 하기도 했었다.

사랑은 가고 옛날은 남는 것/ 여름날의 호수가 가을의 공원,
그 벤치위에/ 나뭇잎은 떨어지고/ 나뭇잎은 흙이 되고
나뭇잎에 덮여서/ 우리들 사랑이/ 사라진다 해도

지금 그 사람 이름은 잊었지만/ 그 눈동자 입술은
내 가슴에 있네/ 내 서늘한 가슴에 있네.

<세월이 가면> 중 한 부분이다. 끊임없이 변한다는 것은 있던 것이 사라지기만 하는 것이 아니라 사라졌던 것이 새롭게 부활할 수도 있다는 것이니, 이것은 일종의 희망의 메시지일 수도 있다. 길은 길에 연하여 영원히 이어지는 것이니……. 명동이 이전의 모습으로 우리 곁에 다가와 앉을 날을 기다려본다. 세시봉처럼.

부활된 사랑의 메시지

'여행'은 새로운 것뿐만 아니라 그동안 잊고 있었던 것을 발견해 그 가치를 다시 인식하는 또 하나의 수단이다. 이런 점에서 이번 알래스카를 다녀온 일은 유람정도가 아닌 '감성기행'이었다. '감성'은 외부의 어떤 것을 통해 성찰과 깨달음을 얻는 인식능력을 이르는 말이기 때문이다. 사람들은 너무나 자주 그리고 많이 정작 중요한 것을 헌신짝 내버리듯 던져버리고 나서 이후에 이것을 찾아 사방의 길을 헤매거나 순간의 결정을 후회하며 돌이키려 하지만, 이미 길이 차단되어 있어 개탄하며 후회하곤 한다. 유한한 존재에게 있어 시간이 이를 만회할 기회를 허락하지 않아서다.

이번 알래스카 여행에서 많은 사람들을 만났다. 또 하나의 독립된 우주의 일원으로 여러 날을 함께 지낸 것이다. 그 중에 휠체어 부부는 오랫동안 기억 속에 주인공으로 함께 할 것 같다. 이분들은 바쁜 나머지 잠시 밀쳐 놓았던 정을 되찾아 그 기쁨을 향유하기 위해 크루즈 함에 동승한 분들이었기 때문이다.

부인은 휠체어에 몸을 의지하고 있었고, 노신사분이 옆에서 극진할 정도로 온 정성을 다하고 있었다. 부군인 듯했다. 기간 동안 이분들을 뵐 때마다 한순간도 분리되지 않고 한 몸으로 곳곳을 같이 다녔다. 식당에서 만났을 때도 남자 분은 먼저 음식을 날아와 여자 분이 들게 시중을 든 다음에 식사를 하면서도 눈은 언제나 여자 분을 향해 있었다.

"함께 오신 부부시군요?"

"네, 사는 게 무언지…. 정신없이 뛰어다니다보니, 어느 날 이 사람의 몸이 이렇게 되어 속죄하려 같이 배를 탔습니다."

"잘 하셨습니다. 두 분의 모습 정말 아름답습니다."

남편은 그동안 회사의 중역으로 눈을 뜨고 있는 시간엔 가정이나 가족들을 돌볼 틈도 없이 오직 일에만 매달렸었다고 한다. 그러던 어느 날 부인의 건강이 나빠지고 치료를 해도 상황이 좋아지질 않아 주변 눈치를 볼 것 없이 일을 접고 가정으로 돌아와 아내와 함께 지내게 되었고 아내의 무료함을 덜어주려 함께 승선을 하게 되었다고 했다.

"고맙습니다."

나도 모르게 고개를 숙여 인사를 전했고 부부도 똑같이 이 말을 내게 했다.

사실 우리 세대는 너나없이 젊음을 그렇게 보낼 수밖에 없었다. 맨바닥 위에서 오직 자기 몸 하나로 설 수밖에 없는 현실이었기 때문이다. 그러나 대나무의 마디와 같은 매듭이 필요하다. 이것

은 버티고 서서 어떤 난관도 견뎌낼 수 있는 저력이 가시화된 증표와 같은 것이기 때문이나

결국, 문제는 '반전'이다. 이럴 수 있는 기회가 주어졌다는 것은 분명 축복이다. 그러니 내가 그들 부부에게 전한 한 마디의 말은 인간사를 주관하는 절대자를 향해 전한 헌사인지도 모른다. 이런 기회를 마련해 그들에게 선물한 것은 분명 신이라고 여겨져서였다.

그 다음날도 그리고 빙하와 대면하고 서서 자연의 신비로움과 불가능을 가능함으로 만든 사람들의 경이로운 능력을 실감하며 새삼스럽게 우리가 인간임이 자랑스러울 때도 부부는 늘 함께 있었다. 그때 두 사람의 모습을 뒤에서 지켜보며 내 눈엔 그들이 천사처럼 여겨졌다. 그들의 동행은 과거의 모든 불찰과 만용을 용서하고 진정으로 사랑하지 않으면 안 된다는 깨달음을 마음에 심게 했기 때문이다.

알래스카 주는 지금은 분명 미국령이지만, 이곳의 그전 주인은 러시아였다. 이게 이렇게 바뀌지 않고 그대로 상속되었으면 세계의 여러 판도는 지금과 같지 않았을 것이다. 1867년 미국의 윌리엄 스워드 국무장관이 러시아로부터 이곳을 매입하였는데, 이 일의 발단은 미국에 의한 것이 아니었다. 당시 러시아가 재정적으로 어려운 상황이라 이를 타개할 목적으로 러시아의 차르 알렉산드르 2세는 이 영토를 팔 생각을 했었다. 이 땅을 살 수 있는 나라를 물색하다 1867년 3월 초에 주미 러시아공사 예두아르트 스테클에

게 미국 국무장관과 협상토록 해 볼 것을 지시해 말이 구체적으로 오가기 시작했다.

이때 미국 국민들의 여론은 부정적이었다. 우선, 그 황폐한 곳에 이주해서 살 사람이 많지 않을 만큼 비워둘 땅을 뭐하려고 사서 썩히려 하냐는 것이 첫 번째 이유였고, 다음으로는 이 넓은 황무지를 관리하기 위해선 행정비용뿐만 아니라 군사비용이 막대할 텐데. 뒷감당을 어떻게 하려고 하느냐 하는 것이 중론이었다. 그러나 미국의 중앙정부는 여론의 비난을 맞아가면서도 협상을 계속해 불과 한 달도 채 못 된 3월 30일 오전 4시에 미화 720만 달러로 낙찰되었다. 현재의 화폐로 환산해 16억 7000만 달러에 사드려 조약서류에 서명함으로써 이때부터 알래스카는 러시아가 아닌 미국영토가 된 것이라고 한다.

누구에게도 삶은 기대처럼 순탄할 수만은 없다. 그러나 이 말은, 어려움이 영원히 지속되는 것은 아니라는 말로 해석될 수도 있다. 산이나 협곡은 광활한 평지를 말을 타고 맘껏 달려보려는 사람의 입장에서 보면 장애물임이 분명하지만 폭풍의 위세를 감소시키거나 무서운 빗줄기가 쏟아져 천지를 삼켜 버리려고 해도 이를 잠재움으로써 결국은 없어서는 안 될 것이라는 인식시켜, 결국은 그 실존을 인정케 해 결국 사랑할 수밖에 없이 만든다. 그래서 사람들은 시간적 여유가 있을 때나 무료할 때 또 건강을 위해 그곳을 일부러 찾게 되는 것처럼 한때의 어려움은 사실상

반전으로 유도하기 위한 문턱이라고 볼 수 있다.

조약이 체결된 이후에도 미국의 여론은 여전했었다. 그것은 알래스카는 정상적인 생활을 하기엔 부적당한 곳인 만큼 사람들은 고사하고 짐승들까지도 살 수 없어 머잖아 모든 생물은 멸종해 '얼어붙은 황무지'에 불과할 것이라며 정부를 비난했었다. 그러나 불과 250년도 채 못 된 지금 알래스카는 희망의 영지로 바뀌어져 있다. 제2차 세계대전 이후 급속한 전략상 방위기지가 되었을 뿐만 아니라 인구가 증가되어 건설 및 상공업 등 주요 산업기지로 각광을 받고 있고 거대한 펄프공장이 들어섰다. 그런가 하면, 앵커리지 부근을 비롯하여 곳곳에서 유전이 발견되어 각광받는 보물로 뒤바뀌지고 있다. 이뿐만 아니라 상업용 항공로의 기지화와 간선도로가 완성되어 관광자원이 됨에 따라 세계가 부러워하는 땅이 되었다. 불행은 삶의 과정 중에 있어서는 안 되는 재앙이 아니라 사람들이 겁을 먹어 붙인 이름에 불과하다. 어떻게 극복하느냐에 따라 이것은 행복의 보물단지일 수도 있다. 부부 사이에 휠체어가 끼어드는 바람에 부부가 아름답게 보인다는 인사를 받으며 행복한 웃음을 짓고 알래스카의 하늘을 올려다보며 환히 웃는 것처럼….

어쩌면 세상에 이런 사람들을 위해 신은 지구의 머리 쪽에 알래스카와 같은 얼음 밭을 만들어놓을 구상을 했을지도 모른다. 휠체어부부 두 분의 행복과 건강을 기원한다.

임은수

lespjy@hanmail.net

• 퀸즈타운 가는 길

충남 아산 출생
서울여대 대학원 국문과 졸업
1998년 세계일보 신춘문예 수필 당선
한국문인협회 회원
시집『수하리 바람』
수필동인지『연리지 사랑』등 다수

퀸즈타운 가는 길

해가 점차 기울기 시작할 무렵 버스가 데카포 호숫가에 우리를 데려다 놓는다. 뉴질랜드 남섬의 첫 도착지인 크라이스처치에서 퀸즈타운을 향해 서너 시간을 달려온 참이다. 목적지까지는 아직도 갈 길이 멀다고 한다. 오는 내내 길 양쪽으로 끝없이 이어지는 목장의 녹색 질주가 우리와 함께 했다. 넓고 푸른 풀밭에 점점이 흩어져 있는 양떼가 한가롭게 청정 자연을 누리고 있었다.

호수가 품 넓은 수면을 찰랑이며 반짝인다. 저물녘 이국에서 만나는 봄 호수의 윤슬이 여행자의 마음을 편안하게 한다. 물빛이 아기를 바라보는 젊은 어머니의 온화한 눈빛처럼 부드럽다. 그러잖아도 이 호수의 물은 옥빛과 밀크를 섞은 밀키블루(Milky Blue)라 불린다고 했다. 호수를 배경으로 찍는 사진기 속에는 서던알프스 산맥(Southen Alps Mt.)의 산봉우리들이 만년설을 이고 따라다닌다. 70km도 넘는 먼 거리라는데 워낙 공기가 깨끗해서 저처럼 잘 보이는 것이란다. 공중에 대고 돋보기로 들여다보아도 먼지

하나 찾을 수 없을 것처럼 맑다.

어느새 주변이 어스름해지기 시작한다. 버스에 오르자 창밖으로 하나씩 불빛이 보인다. 호숫가 마을의 거리등이거나 온가족이 둘러앉은 머리 위로 다사롭게 내리는, 혹은 어느 지붕 밑 작은 다락방의 아늑한 불빛이리라. 땅거미 내리는 마을에 불그레한 불빛이 마치 물에 번지듯 조심스레 퍼지다가 명멸한다. 착한 주인공이 사는 동화 속 풍경 같다.

도중에 저녁밥을 먹기 위해 들렀던 한국인 식당에서는 무엇보다도 총각김치가 인기였다. 일행은 필리핀과 호주를 거쳐 오는 동안 사나흘 굶주렸던 김치를 보자 순식간에 먹어치웠다. 익을 대로 푹 익어서 한쪽 눈이 저절로 찡긋거릴 정도로 시큼한데도 사람들은 그릇 바닥에 남아 있는 국물까지 싹싹 긁었다. 저러다 접시까지 집어삼킬라 걱정되었는지, 종당에는 주인이 '우리 가족이 먹으려고 담근 것'이라 많지 않다며 아예 남은 김치를 통째로 내놓았다. 저, 못 말리는 한국인의 인심이라니!

식사를 먼저 끝낸 우리 일행 쪽으로 다가온 주인 부부는 삼십대 후반으로 보였다. 젊은 나이에 먼 이국까지 와서 이만큼 자리 잡은 게 장하다는 생각이 들었다. 이런저런 이야기 끝에 누군가 한국에서는 어디서 살았느냐고 물었다. 서울 면목동에서 살았다며 몇 마디도 못하고 부인이 왈칵 눈물을 쏟았다. "어머! 내가 왜 이러지?" 갑작스런 일에 어찌할 바를 모르고 애써 눈물을 감추려는 젊은 여인을 보며, 마치 먼 타국 땅에 홀로 떼어놓고 가야 하는 피붙이라도 되는 듯 가슴이 짠해 왔다. 안아주며 등이라도 토닥이고 싶었지만, 오히려 감정을 더 부추기게 될까봐 그저 손만 한 번 꼭 잡아줄 뿐, 선불리 말을 건넬 수가 없었다.

버스는 다시 한밤중의 낯선 어둠을 헤집고 달린다. 탤런트 안아무개를 닮은 여행 가이드가 푸쉬킨의 시 「삶이 그대를 속일지라도」를 한바탕 낭송하더니, 눈이라도 붙이라면서 불을 끄고 음악을 틀어 주었다. 그리고 아무도 더 말을 하지 않았다. 자리가 넉넉해 의자 하나를 독차지하고 등을 기댔다. 약간의 피로와 적당한 포만감으로 나른해진 나는 눈을 감는다. 감은 눈 속으로 좀 전에 보았던 젊은 여인의 눈물이 울음 끝에 나오는 딸꾹질처럼 따라왔다.

잠이 살짝 들었나 했는데 귀에 익은 음악이 들린다. 지나간 70, 80년대에 즐겨 듣던 올드 팝이다. 일행 대부분이 공유했던 우리들의 황금기, 나는 이내 그 청년기의 풋풋하고 열정적이었던 세계 속으로 되돌아갔다. 비틀즈, 사이먼 앤 가펑클, 니콜라디바디, 멜라니 사프카…… 저들의 깊은 음색과 아름다운 하모니, 모시 헝겊을 쥐어짜는 듯 애절한 노래가 이방인의 마음을 버무려 놓는다. 마치 달콤하고 쌉쌀했던 젊은 날의 어느 한순간이 날아와 꽂힌 듯 가슴이 저릿하다.

노래가 돈 맥린의 「빈센트」로 이어진다.

Starry, starry night

Paint your palette blue and gray……

화가 빈센트 반 고흐의 그림에서 영감을 얻어 만들어진 노래라고 하는 이 곡은 내 휴대전화 벨소리이기도 하다. 문득 창밖을 내다보고 나는 벌어진 입을 다물 수가 없었다. 별! 하늘이 온통 별밭이다. 세상의 어떤 것이 저토록 휘황찬란할 수 있을까. 한꺼번에 수천, 수만의 폭죽을 터트려 하늘로 쏘아올린 불꽃들이 그대로 공중에 머물러 있는 것처럼 황홀하다. 나도 모르게 온몸이 두둥실 떠올라 별의 세계로 날아가는 환상에 빠졌다.

얼마가 지났을까. 음악소리가 잦아들며 정적이 이어진다. 이윽고 차 안에 불이 켜지고 나는 현실로 돌아와 아쉬운 마음으로 창밖을 내다본다. 호반의 도시답게 어둠 속에서 군데군데 젖은 불빛이 은은하게 보인다. 별빛과 불빛의 차이일까. 마치 우리를 기다리기라도 하는 것 같은 온기가 느껴져 마음이 따뜻해진다. 목적지에 도착한 모양이다. 가방을 챙기고 차에서 내릴 준비를 한다.

'여왕이 살만한 곳'이라는 이름에 걸맞게 아름다운 풍광을 자랑한다는 퀸즈타운에서 오늘 하루쯤은 나도 여왕이 되어야겠다. 아니, 오는 길 내내 음악의 나라, 별의 나라에서 나는 이미 여왕 못지않은 호사(豪奢)를 누렸다.

허 숭실

soong411@hanmail.net

- 제자리 찾아가기
- 아름다운 마무리를 위한 마지막 여행
- 파리다방과 도둑들의 무도회

허숭실 (본명: 허윤정)
내몽골 우란호트에서 태어나 해방 뒤 한국에 돌아오다
이화여대 불문학과를 졸업
문학마을 수필로 등단
한국문인협회 회원, 이대 문인회 회원
수필집『꽃은 흔들리며 사랑한다』

제자리 찾아가기

망설이고 주저하다가 20년 만에 제 자리를 찾아가기로 마음먹었다. 그런데도 거울을 볼 때마다 마음이 흔들린다. 은발의 얼굴을 떠올려 보다가 그만 고개를 저으며 "아직은 아니야." 라는 말로 어렵게 다짐한 결심을 뭉개 버린다. 정서적 가면을 선뜻 벗어 던지기가 이렇게도 어려운가. 나이 칠십이 넘었는데도 여자로서의 외모를 포기하는 것은 알몸을 드러내는 것만큼이나 부끄럽게 느껴진다. 길을 가다가 유리창에 비치는 자신의 모습을 확인하고 매무새를 고치던 여자의 본능을 접을 수 있을까? 윤기 흐르던 까만 생머리는 많은 결점을 숨겨 주었는데, 어느 날 갑자기 억새꽃처럼 하얗게 흩날리는 머리로 나타났을 때 사람들의 반응이 어떨까를 생각하면 온몸이 오그라든다. '사람들은 타인의 모습에 그다지 관심이 없다. 처음 보는 순간 잠깐 놀라겠지만 곧 눈에 익숙해져 버린다. 그리고 기억에 남는 것은 풍기는 인품의 여운일 뿐이다. 외모보다는 건강이 우선인 나이가 되었음을 받아들여라. 그래도 열정은 아직 식지 않았음을 감사하라.' 친구가 머리염색 문제로 고민한다면 나도 그렇게 조언할 것이다. 그런데 이것이 바로 내 문제이니 해답은 아는데 실행이 어렵다.

50대 초반에 잔설이 내려앉은 딸을 보시고 아버지는 마음 아파하셨다. 아버지 생전에는 허연 머리를 보여드리지 않으려는 마음으로 그날로 머리염색을 했다. 언제인가부터 탈모와 가려움증으로 치료를 받아야 할 만큼 염색 부작용을 겪고 있다. 다시는 염색을 하지 않으리라 결심했다가도 모임에 나갈 날이 가까워지면, "이번에만" 하고는 미장원으로 달려간다. 파파 할머니보다는 젊게 보이는 것이 주변의 사람들에게도 예의라는 자기 합리화를 하면서 탈모의 위험을 무릅쓰고 또 염색을 한다. 심려를 끼쳐드릴 집안 어른은 모두 떠나셨는데, 늦가을 석양에 서리 맞은 흰 국화마냥 새들새들한 모양새를 아직도 감추고만 싶으니 그 무슨 치기인가.

우리 어머니 시대에는 머리염색을 하는 분이 흔하지 않았다. 나이가 들고 머리가 세는 것을 순리라 여기고 순응하며 살았다. 하얗게 머리가 센 노인에게서 인생의 연륜을 읽게 되고 면류관을 쓰셨다고 경의를 표하기도 했다. 그러나 이제는 할 수만 있으면 젊게 보이도록 가꾸는 것이 미덕으로 여기는 세상이다. 뿐만 아니라 자신의 육신을 가꾸지 않아서 추레하게 보이거나 늙어 꼬부라진 모습을 그대로 드러내는 것은 무력하고 무신경한 소치로 돌리기도 한다. 머리염색만이 아니라 얼굴과 몸매도 성형을 하고 갖은 방법을 동원해 더 아름답게 돋보이려고 노력한다. 그것이 유능하고 부지런함의 잣대로 인정받으며 선망의 대상이 되기도 한다. 그렇게 정서적 가면을 쓰고 심리적 만족에 취하며 산다.

사람은 누구나 자신을 포장하기 위한 여러 겹의 가면을 쓰고 있다. 그러나 가면 뒤에 숨어서도 근원적으로 원하는 것은 자유다. 에덴에서 하와가 금단의 열매를 따먹은 때부터 자유를 찾아가는 길이 삶의 여정이 아니었던가. 진정한 자유는 자기로부터 자유로워지는 것임을 알면서도 욕심을 버리지 못해, 그 길은 한없이 멀다.

자연이 병들고 있음을, 지구가 파괴되어 감을 날마다 보고 듣는다. 인류에게 축복으로 다가온 과학문명으로 사람들은 편리하고 질 높은 삶을 누린다. 그러나 인간의 삶을 영위하기 위해 사용하는 온갖 기계들이 내뿜는 가스로 기상이변이 일어나고 생태계는 파괴되고 있다. 인간의 둥지인 지구가 황폐해져 가는 것을 알면서도 삶의 편리함을 누리기 위해 그 심각성을 외면한 채 살아간다. 그러한 지구의 모습에서 젊게 보이고 싶은 마음을 잠재우지 못해 망설이고 있는 내 꼴을 본다.

머리염색 할 때마다 겪던 갈등에서 이제는 벗어나고 싶다. 이 소소한 자유를 얻기까지 먼 길을 돌아서 왔다. 젊음을 받혀 주던 칠흑 같은 머리카락에 대한 미련을 아쉬움 없이 내려놓고 가면을 벗어던지리라. 그리고 나이에 걸맞은 연륜의 아름다움을 가꾸기 위해 내적인 양식을 채워 가리라.

다행히 우리의 병들어 가는 둥지를 지키기 위해 지구인들도 한 목소리로 환경보호를 외치며 제자리를 찾아가고 있다.

아름다운 마무리를 위한 마지막 여행

인간이 평등하게 통과할 수 있는 유일한 문은 죽음이다.

한국인의 평균수명이 여자는 80세가 넘었고, 구순을 넘은 분들의 장례식에 참석하는 경우도 드물지 않다. 고령화시대에 대한 기대와 아울러 염려가 요즈음 우리 사회의 화두로 떠오르고 있다. 건강하게 장수하기를 원하지만 경제적으로 자립할 수 없다면 행복한 노년이라 할 수 있을까? 또한 인간이기에 느낄 수밖에 없는 절대고독은 어떻게 풀어갈 것인가. 노화와 질병, 그리고 죽음은 피하고 싶어도 굳이 찾아오는 반갑지 않은 손님이다. 황혼기에 접어든 사람들의 한결같은 소망은 '어떻게 잘 죽느냐'이다. 안락사가 법으로 허용되었지만 진정한 존엄사의 모습이라 할 수 있을까? 죽음이란 명제를 대할 때면 아버지의 임종을 회상하게 된다.

아버지는 소양증으로 한 달이나 약을 복용해도 차도가 없어 종합검진을 받다가 담도에 종양이 생긴 것을 발견했다. 종양제거 수술을 받고 방사선 치료를 하게 되자, 아버지는 한사코 항암치료를 거부하셨다. "아버지가 치료를 안 받으시면 나중에 돌아가신 뒤 우리 가족 모두 후회하게 될 것."이라고 간곡히 말씀드렸지만, 아버지의 뜻은 단호했다. 담도암의 예후가 좋지 않다는 것을 아셨던 것이다.

퇴원 후 산책을 다니며 혼자 외출할 수 있을 만큼 회복되자, 아버지는 회사 일을 정리하고 여행을 떠나셨다. 사방이 꽉 막혀 탈출구가 보이지 않았을 때 손을 내밀어 주었던 분들과 고락을 함께했던 동료와 친구들을 만나 고마움을 전했고, 함께 사업하다가 배신하고 도망간 사람들을 찾아가 오히려 위로금까지 주셨다. 달포 만에 돌아오신 아버지는 살아오는 동안에 진 마음의 빚을 조금 덜었노라 하셨다.

여행을 다녀온 아버지는 손·자녀들까지 다 불러 목사님을 청해 고별예배를 드렸다. 당신의 장례를 위한 준비절차도 적어 목사님께 부탁했다.

아버지는 오남매를 기르며 어려운 살림을 꾸려가느라 고생 끝에 먼저 가신 어머니를 그리워하며 미안하다고 하셨다. 4남매는 모두 성가(成家)하여 제몫을 하고 있어서, 아버지는 당신보다 먼저 세상을 떠난 장남의 아들들을 걱정하셨다. 그 손자들이 대학을 졸업할 때까지 매월 일정액을 받을 수 있도록 회사 지분을 공증했다. 손자들의 공부가 끝나고 나서도 여유가 있으면 학비가 필요한 이웃 학생들을 도우라고 하셨다. 오남매를 공부시키고 나니 노년에는 조그만 사업체를 운영하실 뿐 아버지 명의로 된 집도 한 칸 없었다. 손 · 자녀들에게 "너희들이 하고 싶은 일을 다 시켜 주지 못한 게 지금도 미안하다."고 하시며 "베풀어야 할 때는 절대 놓치지 말고 사랑을 나누라."는 말씀을 유언으로 주셨다.

아버지는 효와 언어에 대해 특히 강조하셨다. 참된 효행은 호사스런 의복에 맛있는 음식의 공궤와 여행을 보내드리는 등, 가시적인 것보다 부모님의 마음을 헤아려 진정 원하는 바를 이루어 드리는 일이라 하셨다. 외손자에게 '선행(善行)'이라는 글을 써주시고 낙관을 찍으며 당신의 호를 '소세화(小說話)'로 지은 뜻을 풀이해 주셨다. 말이 많으면 실수가 따르기 마련이니, 될수록 말을 적게 해야 한다고 자손들에게 이르셨다.

항암치료를 포기한 아버지는 여섯 달쯤 지나면서 고통스러워하셨다. 암세포가 간으로 전이됐다는 의사의 진단이었다. 아버지는 병원을 다녀오신 뒤 음식을 잡숫지 않으셨다. 뿐만 아니라 진통제도 먹으면 의식이 몽롱해진다며 거부하셨다. 물 한 모금조차 넘기지 않으려고 하셨다. 어떻게든지 치료를 받도록 아버지께 애원했지만 뜻을 굽히지 않으셨다.

어머니가 뇌일혈로 몸도 마음도 스스로 가눌 수 없이 6년을 누워 지내다 돌아가셨다. 뒤이어 시어머님이 노환으로 배변조절을 못하시며 3년이나 고생하다 떠나셨다. 병든 어머니를 수발드는 자녀들을 곁에서 지켜보신 아버지는 "오래 앓는 것은 가족뿐만 아니라 환자에게도 큰 고역이다. 내가 병들면 생명연장을 위해 애쓰지 말라."고 당부하셨다. 아버지는 회복불능인 상태로 생명줄에 매달려 인간의 존엄성을 잃게 될까 두려워하셨다. 그리고 무엇보다 집안의 어른으로서 가족들을 아끼고 배려하는 마음으로 거듭 당부하셨다. 어머니를 간병하던 자녀들도 아름답던 삶의 모습이 참혹하게 망가져가는 것을 지켜보면서 '생명이란 무엇인가'를 곱씹으며 회의에 빠지곤 했었다.

결국, 이제껏 부모님의 말씀을 제대로 따르지 못하고 살아왔던 자손들은 청개구리처럼 아버지와의 마지막 배웅만은 아버지의 뜻을 따르기로 마음을 모을 수밖에 없었다.

아버지는 창을 열라 하시고 조용히 누워 계셨다. '욥의 부스럼' 같은 세상에서 75년을 살아오면서 겪었던 기쁨, 그보다 훨씬 더 많았던 슬픔과 고난, 우리민족의 수난사를 회상하시며 이야기를 들려 주셨다.

아버지는 일제강점기에 조국을 등지고 만주 벌판으로 유랑의 길을 떠나야했던 디아스포라의 후손이었다. 중국에서 태어나 내몽골까지 전전하다 8·15 해방과 함께 조국으로 돌아와 독립된 대한민국의 공무원으로 봉직했던 시절과 6·25 동란의 이야기는 대하드라마였다. 생사를 알 수 없던 형제와 친척들을 40년 만에야 중국으로 찾아가 만났을 때가 가장 기뻤다고 하셨다. 이산의 아픔을 겪지 않은 사람들은 어찌 그런 재회의 기쁨을 실감할 수 있으랴. 아버지는 칠순기념으로 그 이야기를 담아 책으로 펴내기도 했다.

아버지는 삶에 대한 애착과 희망을 미련 없이 버리고, 저승사자가 먼저 덤벼들기 전에 저세상을 향해 발걸음을 내디뎠다. 아버지의 안색은 점차 노랗게 변하고 눈자위는 깊어만 갔다. 엷은 미소가 어린 아버지의 얼굴은 더없이 평화로워 보였다. 아마도 영원의 본향으로 가는 길을 꿈꾸는 듯했다.

'본향으로 가는 길엔 내몽골에서 말을 타고 달리던 메마른 사막이 끝도 없이 이어진다. 목이 탄다, 어디에서 생수 한 모금을 마실 수 있을까. 향기로운 들꽃이 무리지어 피어있는 푸른 들판이 보인다. 휘파람 소리 같은 새소리가 들려온다. 금빛 햇살이 바람에 실려 퍼진다. 하늘도 땅도 황금빛으로 물들었다. 고요함과 아늑함이 깃들여 있는 곳, 이런 평화를 언제 느껴보았던가. 더 이상 시간에 얽매이지 않아도 되는 영원의 입구에 서 있다. 감긴 눈을 뜰 수 없는데 세상의 끝이 보인다. 멀리서 귀에 익은 목소리들이 아득하게 들려온다. 아버지—, 할아버지—.' 이렇게 아버지는 천국에 가셨을 것이다.

보름 동안 곡기를 끊으신 아버지의 몸은 어린아이같이 가볍고 조그마해졌다. 아버지는 고이 잠든 아기처럼 우리들의 팔에 안겨 다시는 돌아올 수 없는 먼 길을 떠나셨다. 수의를 준비하지 말라고 하신 아버지의 말씀에 따라 중국에서 가져온 베로 온몸을 정성스레 감싸 드렸다. 아버지는 에덴동산에서 쫓겨난 디아스포라의 삶을 내려놓고 영원한 안식처로 돌아가셨다. 무슨 수를 써서라도 아버지를 더 모시지 못한 것이 돌이킬 수 없는 한으로 남아 청개구리처럼 회한의 울음을 울고 또 울었다.

죽음 앞에서 자신의 생을 정리하고 아름답게 마무리 할 수 있는 결단은 숭고한 모습이다. 어떻게 사는 것이 잘 사는 것인가, '일생을 잘 살았다'는 것은 죽음의 모습까지 아우르는 뜻이니, 어떻게 죽는 것이 잘 죽는 것인가를 고민하지 않을 수 없다. 죽음은 끝이 아니라 삶의 마지막 모습일 뿐 삶과 죽음은 한 폭의 그림이다. 죽음은 살아있는 자들에게 남겨 주는 마지막 교훈이며 잊을 수 없는 추억의 선물이다

파리다방과 도둑들의 무도회

이화교 입구에 있었던 파리다방은 1960년대 전후에 이화여대를 다닌 학생이라면 누구나 한두 가지의 추억거리를 품게 했던 젊은 날의 꿈과 낭만의 산실이었다. 다방 주인 전 마담은 전직 총경 출신이라는 이력에 어울리지 않게 푸근하고 자상했다. 여대생들의 마음을 이해하는 이모처럼, 온종일 진치고 앉아 음악을 들어도 웃는 낯으로 계속 엽차를 갖다 주었다. 손님이 붐비지 않을 때는 옆자리에 와서 사랑에 빠진 철부지들의 이야기를 들어주며 상담역을 맡기도 했다.

이화대학은 1925년에 문과를 개설하고 영어연극을 시작한 뒤, 외국어학과에서는 졸업반 때 원어연극을 공연하는 것이 연례행사였다. 불문학과에서는 정병희 교수님의 희곡강좌 교재였던 『도둑들의 무도회(*Le Bal des Voleurs*)』를 졸업 작품으로 공연했다. 프랑스의 극작가 장 아누이(Jean Anouilh)가 1938년에 발표한 이 작품은 인간의 근원적인 고독과 부조리를 코믹하게 연출함으로써 인생의 공허함을 상징하는 희극이다. 한국에서는 1964년에 극단 민중극장이 김정옥 교수 연출로 명동 국립극장에서 초연했다.

연극연습을 하던 시절 파리다방은 우리의 사랑방이었다. 학생들조차 청바지를 입지 않던 시절에 정병희 교수님은 청바지 차림으로 강의를 하시던 멋쟁이 자유인이었다. 별이 뜰 때까지 연습을 하고 나면 교수님은 파리다방에서 양식을 사 주시며 식사 예법도 가르쳐 주셨고, 서양문화와 풍습, 예술가들의 일화(逸話)를 들려주는 것으로 뒤풀이를 했다. 경험도 상상력도 부족한 우리에게 대사를 외고 흉내를 내는 것만으로는 작가의 뜻을 표현할 수 없음을 일깨워 주셨다. 연출을 맡으신 중앙대학 연극영화과의 김정옥 교수님은 "어, 그거 사랑을 고백할 때는 이렇게, 그렇게,……" 어눌하게 말씀하시며, 몸짓과 표정으로 희극적 상황을 설명하셨다. 그래서 연습장에서는 웃음소리가 그치지 않았다.

정병희, 김정옥 두 교수님의 열정어린 지도로 1963년 9월 29일에 지금의 명동 예술극장인 옛 국립극장에서 『도둑들의 무도회』가 불어로 공연되었다. 첫날 공연 때는 긴장하여 마치 꼭두각시들 같았다. 마지막 날 공연 전에 정병희 교수님은 출연자들에게 포도주를 한 잔씩 주셨다. 포도주에 취한 나는 넘어지고 대사도 잊어버려 당황했지만, 오히려 익살스러운 연기로 인정받았다. 모두들 무대가 놀이터인 양 숨어 있던 끼를 마음껏 발휘하여 멋진 연기를 펼친 덕분에 호평을 받았다.

2004년에 경기도 광주 분원리에 '얼굴 박물관'을 개관한 김정옥 교수님을 제자 몇이 박이문, 정병희 두 은사님을 모시고 방문했다. 박물관에 들어서자 40여 년간 수집해 온 석상, 목각인형, 도자인형, 와당, 가면, 초상화 등 1000여 점이 넘는 얼굴의 조형들이 손님을 맞이했다. 그런데 놀랍게도 각양각색의 얼굴들 중에 18세기에 전라지방에서 만들어진 동자석상이 웃는 모습은 바로 김정옥 교수님이었다. 눈이 감길 듯이, 입 꼬리가 코에 닿을 듯 웃고 있는 귀여운 얼굴은 팔순을 바라보는 선생님의 얼굴에 그대로 담겨 있었다. 머리에 두 개의 뿔이 조그맣게 솟아오른 동자석상의 모양은 곱슬머리가 살짝 위로 뻗힌 선생님과 닮은꼴이라 웃음이 절로 새 나왔다. 200여 년의 시간이 스쳐간 흔적은 돌의 모서리가 조금씩 닳았을 뿐 천진하고 해맑은 표정은 고스란히 남아 있었다. 오직 예술과 해학으로 삶을 연출해 오신 선생님도 머리숱이 조금 적어졌을 뿐 졸업연극을 지도하시던 시절의 모습 그대로였다.

묵은 일기장을 한 장씩 넘기듯 은사님들과 학창시절의 이야기를 나누면서 옛 그림을 발견하는 즐거움을 누렸다. 시인이라 불리기를 더 좋아하시는 철학자 박이문 선생님의 소년처럼 풋풋하고 순수한 모습은, 총각교수로 천정만 바라보며 시를 강의하시던 수줍음을 아직도 간직하고 계셨다. 정병희 선생님은 자유스럽고 호방하신 여유로 여전히 만년 멋쟁이의 풍모를 지니셨다. 예술가의 얼굴을 창조하는 일에 일생을 바친 김정옥 선생님은 식을 줄 모르는 열정으로 종내 '얼굴 박물관'을 개관하고 새로운 연출에 심취하셨다. 요즘에도 제자들을 가끔 불러 맛있는 것도 사주시고 책도 한 아름씩 주시는 스승님들의 각별한 사랑은 긴 시간이 지나도 식지 않을 듯 마냥 따뜻하다.

연극연습을 하던 어느 주말에 J의 남자친구 별장에서 소개팅을 마련했다. '도둑들의 무도회' 정원인 듯 황홀한 분위기에서 한 쌍의 커플이 맺어져, 지금도 깨가 쏟아지는 행복한 가정을 이루고 있다. 멋진 연기를 보여 주던 두 친구는 애석하게도 저 세상으로 먼저 떠났지만, 낭랑한 웃음소리는 아직도 귓가를 맴돈다. 세월이 남긴 역사에 아픔도 담겨있지만, 되찾고 싶은 열정이 갈피마다 숨어 있다.

장 아누이가 '도둑들의 무도회'에서 말하고자 했던 의미를 살아오면서 하나씩 깨달았다. 인생에 대해 아무것도 모르면서 무대에 올라 앵무새마냥 읊어대던 옛 기억을 떠올려본다. 삶에서 추억을, 추억에서 오늘의 의미를 발견한다. 잊을 수 없이 그립고 그리운 기억들이다.

류명달

rmdal@naver.com

- 고흐와 별밤
- 양귀비꽃

한국문인협회 회원
이음새 에세이문학회 회원
문학의 향기 회원
중앙대학교 경영대학원 수료

고흐와 별밤

예술의 전당에서 문우들과 프랑스 인상파 화가들의 명화를 감상하게 되었다.

19세기 격변의 시대 서양미술의 황금기를 만들어 낸 화가들 작품이 내 눈을 부시게 한다. 새로운 세계를 추구하기 위해 과감하게 고전주의를 벗어 넘긴 위대한 작가들. 그들이 지니고 있던 꿈과 이상이 새로운 빛으로 묘사되었다. 그 중에서 내 시선을 잡는 것은 빈센트 반 고흐의 「아를의 별이 빛나는 밤」이다. 짙은 코발트 블루 밤하늘엔 별들이 빛나고 강물에 투영된 불빛과 정착된 배의 잠든 풍경이 낯설지 않다. 작품을 통하여 그 속에 깃든 심오한 예술혼과 그가 지니고 있던 사유세계를 더듬어본다.

고흐의 고향은 프랑스 남부지방 아를이었다. 그는 고향인 아를을 무척이나 사랑했다. 방황을 마치고 아를에 정착한 그는 론 강이 보여 주는 밤 정취와 빛이 투영된 물그림자를 통해 구성을 하고, 예술혼을 불어 넣어 「아를의 별이 빛나는 밤」이 탄생된다.

어둡고 비천한 어린 시절을 보낸 그는 괴팍한 성질과 고집으로 타협과도 거리가 먼 사람이었다. 그가 세상을 뜰 때까지 덜미를 잡고 놓아주지 않던 생활고와 병, 냉정하게 뿌리치고 떠나 버린 친구고갱에 대한 배신감, 동생과의 이별, 등 인생 전반이 불운의 연속이었다. 유일한 위안은 오직 그림뿐이었다. 고향 아를을 배경으로, 많은 작품을 남겼지만 누구와도 소통할 수 없는 그는 외톨이였다. 우정을 얻지 못해 자신의 귀를 잘라야 했고, 사람의 정이 그리웠던 그는 외로움과 생활고를 더 이상 견디지 못하고 권총의 힘을 빌어 생을 마감한다. 하지만, 지금은 많은 사람들의 사랑을 넘치도록 받아 별처럼 반짝이며 빛나고 있다. 그런 그를 나는 인생의 반은 성공한 사람이라 부르고 싶다. 이글거리는 태양과 자연의 작은 한 부분까지도 독특하게 묘사된 그의 그림 모두가 개성의 상징이다.

그를 생각하니 언젠가 서해안에서 본 별밤이 팝콘 터지듯 생생하게 다가와 준다. 그때 우리 가족은 여름휴가를 맞아 서해안의 꽂지 해수욕장을 찾았다. 저물녘 썰물로 씻겨 나간 모래 벌은 조개가 지천이라 바구니 가득 담아들고 민박집으로 돌아가는 중이었다.

"엄마! 저기 좀 보세요. 저 하늘 좀 봐요."

갑작스런 막내의 호들갑에 고개를 들어보니 하늘엔 바가지로 퍼다 부어놓은 듯 별들로 가득했다. 저마다 각각의 빛을 뿜어내고 있는 별들. 별 천지라는 말이 저런 걸 두고 하는 말이구나 싶었다. 막내가 손을 잡아 흔들지 않았으면 그 황홀경에서 쉽게 풀려나지 못했을 것이다. 그렇게 많은 별을 본 것은 처음이었다. 짐작조차 할 수 없는 수만 수천 광년의 먼 거리를 달려와 온 몸으로 내게 신호를 보내는 것 같았다.

찌뿌둥한 서울 하늘을 가끔씩 올려다보게 된 것도 그때부터다. 어쩌다 흐릿한 서너 개의 별만 보여도 서해안의 시리도록 빛나든 그 별밤이 가을녘의 바람처럼 내 머리를 스치곤 했다. 그때 본 별빛이 차가웠던 이유를 오늘에야 알 것 같다. 고흐의 별밤을 가만히 들여다보고 있으면 한길로 걸어온 그의 삶이 서럽도록 차갑게 느껴진다.

별이 빛나는 이유는 사람들이 그 이름을 불러 주었기 때문이라는 누군가의 말처럼 그는 자신의 이름이 불리기를 얼마나 기다렸을까. 지금은 가고 없는 그의 예술성이 뒤늦게나마 빛을 볼 수 있었던 것 역시 오직 한길을 달려 온 그의 괴팍한 고집 때문이라 할 수 있을 것 같다. 이처럼 자아가 강한 예술가가 있었기에 나는 느긋한 마음으로 환상적인 작품 속에서 나름대로 상상의 나래를 펼칠 수 있는 것이 아닌가 싶다.

아득히 먼 거리를 뚫고 누군가의 시선에 도달하기 위해 인고의 긴 과정을 그쳐 왔을 별빛. 그의 별밤과 함께 다시 한 번 더 그를 생각하게 된다.

나는 그를 잘 알지 못한다. 빛을 통하여 하늘의 별을 알게 되었듯, 그의 작품을 통하여 그의 이름을 알 뿐이다. 그래도 그가 낯설지 않다. 우리가 늘 친근하게 알고 있는 달, 화성, 금성, 북두칠성처럼 말이다.

고흐의 별밤은 내가 자라난 부산의 앞 바다와도 닮아 있다. 여름밤이면 물가로 모여 들던 개구쟁이들. 그곳에서 탄성이 폭죽처럼 터지면 별빛과 함께 덜 여문 우리들 꿈이 풍선처럼 부풀어 올라 불빛 따라 파도에 투영되곤 했다. 그렇게 바다를 보면서 자라서인지 나도 그림 그리기를 즐겨했다. 미술수업이 든 날이면 더 좋은 물감을 먼저 가져가려고 밤중에 몰래 일어나 오라버니의 가방을 뒤지던 일이 아득히 먼 옛날처럼 기억된다.

이제 그 꿈은 흔적조차 없어진 지 오래지만, 오늘 고흐의 그림 속에서 작은 흔적일 망정 건져 올리고 보니 반가움으로 가슴이 뛴다.

고흐의 그림엔 천재성뿐만 아니라 영혼을 움직이는 뜨거운 열정 같은 강렬함이 있어 좋다. 그는 27세에 그림을 시작해 10년 동안 수많은 작품을 쏟아놓고 37세에 세상을 떴다. 그의 열정과 예술혼을 생각하면 숙연해지지 않을 수 없다.

먼 거리를 달려와 내 눈과 마주친 서해의 별밤이나 고흐의 별밤이나 내겐 둘 다 감동적이다. 하나는 자연의 아름다움이 가슴을 적셔 주고 고흐의 별밤은 잃어 가던 나의 감성을 일깨워 설레게 한다.

2세기를 뛰어 넘은 지금 그의 작품을 통해 그가 품었던 슬픔과 고독, 삶의 뒷모습에서 삶의 본질이 무엇인지 한 번 더 생각하게 된다.

시대를 초월해도 변하지 않는 것은 예술의 힘이지만, 그를 더욱 빛나게 한 것은 고향에 대한 사랑이 아니었나 싶다.

오늘 나는 고흐의 별밤을 통하여 그를 만나고 있다. 그 시리도록 아름다운 빛이 가슴 깊은 곳에서부터 따뜻한 교감을 나눈다. 자신을 알리기 위해 오직 한길로 달려 와준 고흐의 별밤이 아직도 내 머리위에서 빛나고 있는 듯하다.

양귀비꽃

이 나이에도 아직 소녀시절 취향이 남아 있었던 것일까.

꽃을 꺾어 수첩 갈피에 넣었다.

실크처럼 보드라운 꽃 잎. 두 장씩 마주 달린 네 장의 꽃잎은 끝부터 호르르 말려 버려 손가락 끝으로 조심스레 펴야 원 상태를 유지 할 수 있었지.

이국의 하늘 아래에서 처음 대한 꽃이라 무척이나 반가웠다.

선미야!

지중해의 태양은 눈이 부시게 아름다웠어. 매끄러운 대리석 기둥에 내려앉는 햇볕은 신전 벽면에 새겨진 부조뿐만 아니라 섬세한 조각까지 하얗게 반사시키고 있었지. 그것은 고대 폴리스시대의 영광을 떠 올리게 하고, 또 로마 아라비아 터키의 지배하에 소멸해 버린 장대했던 문화를 문외한인 내게도 못내 애석한 마음이 들게 했지. 검푸르게 빛나는 에게 해와 지중해에 둘러싸인 그리스.

아테나 신이 내린 축복의 나무 올리브의 새 잎들이 살랑거리며 그 옛날의 영광이라도 대변하는 듯 빛나고 있었어. 신전을 뒤로 한 비탈진 언덕엔 고대도시의 영광이었던 돌들이 동강난 채 온몸으로 뒹굴며 아직도 전쟁의 폐허를 표출하고 있더군.

선미야! 내가 그 꽃을 본 것은 아테네에서 파르테논 신전이 올려다 보이는 아크로폴리스 언덕 아래에서였다.

사람이 만든 것 중 어느 것 하나도 영원한 것은 없다는 것을 보여주려는 듯, 세월에 녹슨 12사도 교회가 주저앉을 듯한 언덕에서 양귀비꽃은 자연의 불변성을 여실히 보여 주고 있었지. 그 언덕은 변변한 나무 한 그루 보이지 않았고, 어쩌다 군데군데 성근 풀들만 보이는 척박한 곳인데도 굳게 뿌리를 내리고 있었어. 키도 모양도 그리 크지 않아 쉬 지나쳐버리기 쉬운 작은 꽃.

지중해의 뜨거운 태양 아래서 의미 있는 붉은 웃음을 짓게 드러내고 있었지. 새빨간 꽃잎을 펼쳐들고 신전의 아테나 여신이나 아폴로 신이라도 우러르는지 당당한 모습이었어. 아마 그때 내게 어떤 암시를 준 것일까.

나는 그 꽃을 보자, 중국 당나라의 절세가인 양귀비를 떠 올려서인지 지중해 연안이 자생지라는 것을 잊고 동양의 꽃으로만 착각했던 터라 반가움이 앞섰지.

꽃을 꺾어 수첩에 끼워 넣고 돌아서자, 전혀 예기치 못한 일이 일어났어. 잠시 동안 시간이 소멸된 듯한 어지럼증을 느꼈어. 그땐 다만 지중해의 태양은 오월인데도 눈부시고 강렬하다고만 생각했었지.

이상한 것은 눈을 들어 올려다 본 하늘과 신전은 아주 먼 것처럼 아득하게 느껴졌고, 불현 듯 너를 떠 올린거야.

그때 핏빛의 새빨간 꽃은, 아마 나로 하여금 지난 시간을 재인식시켜 우리의 우정을 한 번 더 확인시키려고 나타난 너의 혼은 아니었는지.

선미야!

지금 네 생각을 하며 수첩을 펼치고 있다. 새빨갛고 야들야들하던 꽃잎은 수분이 말라서 검붉게 변해 있어. 나를 유혹한 대가로 수첩 속에서 잠자고 있는 붉은 꽃. 다시 보는 그 꽃은 선미 너에 대한 많은 기억들을 끄집어내게 한다.

아침이면 늦을세라, 숨이 차서 뜀박질로 등교하던 부산 수정동의 비탈진 학교길이 떠오르고, 더 먼 집까지 치쳐 걷던 하굣길도 선명하다. 집이 같은 방향이라 하교 때 우린 언제나 동행했었지. 차비로 점심을 대신하고 열 서너 정거장의 거리를 매일 걸었지. 걷는 것엔 웬만큼은 이력이 나 있었으니까.

너를 처음 대한 건 아마 입학을 하고도 한참이나 지난 후였던 것 같아. 알파벳을 겨우 익히고 영어 문장학습에 막 들어갈 즈음이었으니까. 너를 앞세우고 들어오신 선생님께서 그동안 집안 사정이 있었다며 너에 대한 설명을 덧붙이셨지만, 보결이 있던 때라 우린 당연히 너를 보결생으로 바라봤었지. 입학금 준비가 늦어져 학교에 늦게 나올 수밖에 없었다는 것도, 병중이시던 어머니가 돌아가셨다는 것도 나중에 너를 통해 알았으니까.

어머니를 잃은 너는 말이 없었어. 그러나 하얗고 깨끗한 피부가 돋보이던 넌 누가 봐도 부잣집 아이 같았어. 너는 미술시간이면 두각을 나타냈었고, 또 평균대 위에서의 유연한 동작으로 솜씨를 과시해 운동 특기생으로 뽑히기도 하면서 다방면의 소질을 보였었지. 화가이신 아버지께서 화구를 접으시고 극장의 입간판을 그리신다며 밝아진 너는 학교에도 한동안 잘 나왔어. 그런 너의 등교가 다시 뜸해진 것은 아버지마저 간판을 거시다 떨어져 몸져누우신 때문이라고 했지.

세 명의 동생들 뒷바라지와 아버지의 병간호로 학교에 나오지 못하는 날이 많아진 너. 어쩌다 나온 날이면 멍해 보이는 얼굴이었어. 얼마 후, 오랜만에 만난 너의 눈동자는 허공을 헤매는 것 같았어. 아버지마저 돌아가셨다며, 아버지가 돌아가셨을 때는 어머니 때와는 다르게 아무리 흘려도 마를 것 같지 않던 눈물이 다 말려 버렸는지 나오지 않더라고 했지. 그런 말을 하는 네가 내 눈엔 어른만 같았어. 뿌연 하늘처럼 공허해 보이던 너의 눈이 지금도 선명하다.

어느 날인가, 갑작스레 나더러 이사한 너의 집에 같이 가자며 나를 끌었지. 나를 데려간 곳은 영도 산비탈의 작은 고아원이었어.

나에게 고아원은 생소했고, 네가 그런 곳에서 산다는 것이 믿기지 않았지만, 동생들 세 명이 너를 기다리며 초겨울의 양지쪽에 웅크리고 있었지. 그 동생을 바라보는 너의 눈엔 사랑과 애잔함이 배어 있었고.

그때 넌 동생들이 미국으로 입양될 날이 얼마 남지 않았다며 무척이나 기뻐했었어. 너 또한 공부를 책임지겠다는 어느 독지가의 도움으로 미국행이 결정되어 있다고 했지. 사남매가 뿔뿔이 흩어지게 되었다며 내게 돈을 좀 빌려 줄 수 있냐고 했어. 너는 아주 당당하게 말했지. 헤어질 동생들에게 뭔가를 해 주고 싶었던 너.

그러나 부탁을 외면할 수밖에 없었던 나. 그때 그 시절이 그랬지. 여중생인 내가 친구의 부탁을 들어 줄 수 있는 그런 형편은 되지 못했으니까. 지금 생각하면 친구의 어려움에 등을 돌려야 했던 나. 지금도 자조(自嘲)적인 웃음만이 공허하게 맴돌 뿐이다. 그런 난 지금도 너에 대한 미안함이 마음바닥에 깔려 있어서 그 외의 다른 방법은 없었을까를 생각해 보기도 해.

선미야!

너의 허기진 듯한 흰 눈동자와 새빨간 양귀비꽃이 겹쳐지는 것은 무슨 조화일까. 기죽지 않고 당당하던 네 모습이 척박한 곳에서도 태양을 향해 빳빳하게 고개 들고 있는 양귀비꽃과 닮아서일까. 아니면, 양귀비꽃처럼 아름다움의 이면에 숨어 있는 아편의 독성 같은 것이 느껴져서일까.

미국으로 떠난다는 너의 연락은 받았지만, 나는 갈 수가 없었어. 빈손이었으니까. 그땐 왜 어른들께 말할 용기가 나지 않았던 것일까. 아마 내 어머니의 고생을 거들고 싶지 않았기 때문이었겠지. 아무튼, 나는 너의 어려운 부탁을 말 없는 거절로 표시할 수밖에 없었으니, 의리 없는 친구로 낙인이 찍힌 것이지.

우리가 먼 거리를 걸어서 집으로 가던 그때, 차비로 대신 살 수 있었던 것은 빵 두 개가 고작이었지. 점심을 빵 두 개로 때운 배는 언제나 허기져 집이 가까워질수록 쓰러질 것 같았지. 그래도 학교배지와 교복을 착용하고 있다는 긍지로 버티곤 했지. 앞에 있는 어느 지점을 목표로 정해 놓고 숫자를 헤면서 걸었었지. 헤던 숫자가 목표물에서 짝수로 끝나면 집에 밥이 있고, 십 단위까지 맞아 떨어지면 밥은 물론이고 엄마까지 반갑게 맞아줄 것이라는 나의 신빙성 없는 말을 부러운 눈으로 바라보며 한숨짓던 네 모습. 그땐 왜 너의 아픔을 감싸줄 수 없었는지, 단지 나의 배고픔만이 커서 더 이상의 다른 생각은 하지 못한 것이었겠지. 또 『괴도 루팡』 같은 탐정소설에 중독되어 그 얘기로 화제를 삼던 나를 물끄러미 바라보던 너의 눈도 잊히지가 않는다. 네가 보기엔 세상 근심 하나 없는 동생 같기만 했을 테니까.

선미야! 양귀비꽃을 대하자, 너에 대한 생각이 되 살아나 정말 가슴이 아프다. 먼 지난 시간들이 까맣게 잊혀진 줄 알았는데, 들추어 보니 다시금 생생하다. 이렇게 네게 글이라도 쓸 수 있는 여유는 일가친척 하나 없는 이국땅에서라도 당당하게 살아가고 있을 것 같은 너를 떠올려서일 거야. 그렇게 생각하니 한결 마음이 가벼워지는 것 같다.

생명을 가진 모든 것은 다 주어진 역할이 있고, 그 사명을 다한 죽음만이 값지고 아름다운 것이라 했거늘. 너는 너희 부모님을 대신해 동생을 입양시키는 길이 최선이라 여겼기 때문에 그 길을 택했을 것이고, 그것이 오히려 새로운 운명을 여는 첫 번째의 기회였지 않았나 싶다. 다시 찾아왔을 두 번의 기회로 너의 사남매는 더 나은 도약을 했으리라 믿어진다.

45년여의 세월이 흐른 지금, 돌이켜보니 세라복 속에 떠오르는 얼굴이 마냥 아련하기만 하다. 앨범을 다 뒤져 보아도 너와 찍은 사진 한 장 없으니, 시간이 지나면 나에게 네 모습은 희미해지겠지만, 너는 언제나 파르테논 신전의 여신처럼 희망을 주는 너희 사남매의 여신이 아니겠니. 양귀비꽃에서 추출되는 아편은 남용하면 마약이지만, 통증의 완화에 주로 쓰는 약제로 알고 있다. 지금 양귀비꽃과 오버랩 되는 넌 네 가족과 이웃들에게 마음의 통증을 완화시켜 주는 후자의 삶을 살아갈 것이라 믿어진다.

선미야! 내 마음에 너는 언제나 나의 오랜 친구야.

너의 행방을 모르는 난 네게 진 빚을 그때처럼 지금도 기도로 대신할 뿐이다. 어디에 있든 부디 건강하고 행복하게 잘 지내기 바란다. 안녕.

장 연옥

firepl@hanmail.net

경북 안동 출생
서울여대 대학원 국문과 졸업
『순수문학』 수필 등단
한국문인협회 회원
수필동인지 『연리지 사랑』 외 다수

경계선에 서서

2010년이 검은 연기를 길게 남긴 채 사라졌다. 이별의 아픔을 화형처럼 아로새겨 놓고 말이다. 세밑이 되면 늘 가는 해가 아쉬워서 한 자락이라도 붙잡지 못해 안달을 했었다. 하지만 지난해는 가는 길 불 밝혀서라도 어서 보내고 싶었다.

연례행사처럼 하는 일이 있다. 지나가는 달력을 옆에 두고 새해 달력에 다달이 기억해야 할 일들을 옮겨 적는 일이다. 생일은 초록색, 기일(忌日)은 빨간색, 기타 모임들은 주황색 싸인 펜으로 해당 날짜에 동그라미를 치고, 그 밑에 작은 글씨로 세부 내용을 적어 넣는다. 15여 년 동안은 해가 바뀌어도 음력 양력만 달라졌을 뿐 그대로 옮기다시피 했었다. 그런데 이번에는 다르다. 천지개벽이 일어난 것처럼 달라진 세계에 적응하기가 버거워서 멍하니 앉아 있은 적이 많았다. 초록색으로 그려졌던 4개의 동그라미가 올해는 빨간색으로 바뀌고 말았다.

음력 3월에 있던 시어머님의 생신날이 사라지고 8월에 기일로 남는다. 꽃이나 분홍색 옷, 스카프를 생신 선물로 받아들고 아이처럼 기뻐하시던 어머님 모습이 떠오른다. 아마도 지금은 천국의 꽃밭에서 나비와 함께 노닐고 계시지는 않으실지. 음력 10월의 친정어머님 생신은 전 달 기일로 기재된다. 101번째 생신날 기념사진을 찍을 때, 수줍어서 눈도 바로 뜨지 못하시던 우리 엄마. 느닷없이 '엄마' 소리가 애절하게 흘러나온다. 음력 6월의 친구 생일도 7월에 빨간 동그라미로 그려진다. 어디에선가 친구의 생일이 언제인지 전해 듣고, 생일 아침에 축하 전화를 했더니 깜짝 놀라며 황송해 하던 친구이다. 이제는 더 이상 그녀의 샛별 같은 미소를 볼 수 없다니 허우룩하기만 하다. 예뻤던 질녀도 이제는 생일을 챙길 수가 없다. 모델의 꿈도 이루지 못하고, 다시 못 올 길로 떠났다는 사실이 지금도 믿겨지지가 않는다.

삶과 죽음이 윤회의 수레바퀴에 연결되어 분리될 수 없을진대, 아직도 그 진리를 수용하지 못하고 허우적거리는 나를 발견한다. 달력에 생일을 기일로 바꿔 적으면서 지난 아픔을 되새김질하느라 반나절이 걸렸다. 삶과 죽음 사이에서 내가 마치 중음신이 되어 이승과 저승을 헤매고 있는 것 같다. 이승이 끝나면 바로 저승인 것을, 천년만년이 지나서 천만리 길을 걷고 난 다음에야 만날 수 있는 곳인 줄 알았다. 쉬이 다가올 수도 있는 그 세계가 내게는 오지 않을 것 같은 착각으로 살아왔던 것은 아닌지.

경계선 종양이라는 병이 있다. 양성 종양과 악성 종양의 중간

단계에 있는 병으로 상피내암과는 다른 병이란다. 상피내암은 표층(表層) 조직에 발생한 암으로 흔히 0기암이라 불린다. 이 종양은 이미 생겨난 물혹 같은 것이 암으로 변종되기 직전의 단계인 것이다. 그런데 애매한 것은 그 경계선이 정확히 어디쯤인지 명의도 알아내기가 힘들단다. 손바닥과 손등의 경계가 어디인지 모호한 것처럼.

생과 사가 어디에서 갈라지는지 또 한 번의 의문을 품게 된 일이 있었다. 지난여름 거셌던 태풍 곤파스의 위력에, 아름드리나무들이 속수무책으로 픽픽 쓰러져 산과 계곡을 어지럽게 덮었다. 허연 뿌리를 숨겨야 할 치부인 양 아린 빛으로 드러낸 채, 거꾸로 처박혀 있던 그 형상은 산에 오를 때마다 내 마음을 무지근하게 만들었다. 봄이 되니 그들도 산 자와 죽은 자로 확연히 구별이 된다. 산 나무는 생명의 물이 오른 애채들에 잎눈, 꽃눈이 달리는가 하면, 죽은 나무는 숨쉬기를 멈춘 지 오래된 듯 들피지고 거무데데하다. 그 중에 갈참나무 한 그루가 내 시선을 놓아주지 않는다. 키가 아파트 3층 높이는 족히 되어 보이는데, 가파른 경사면에 반도 안 되는 뿌리만 묻고서 물구나무를 서고 있다. 일으켜 세우기는 불가능해 보이니, 이 나무는 살아 있으되 죽은 나무와 같이 베어질 운명에 놓인 것이다. 온전한 나무들보다 더 큰 잎눈을 다닥다닥 달고 있는 그 나무의 절박한 마음을 읽고서도 내가 해줄 수 있는 건 아무 것도 없었다.

경계선은 다분히 개인적인 것이라 여겨진다. 사람에 따라 각각 다르게 지어지는 선이기 때문이다. 언제, 어디에, 얼마만큼의 굵기로 그어질지는 아무도 알지 못한다. 어떤 사람에게는 가느다랗게 그어지고 말 선이 또 다른 사람에게는 광활한 들판처럼 넓게 그려질 수도 있을 것이다. 어쩜 우리는 늘 '경계선'에 서서 살아가고 있는지도 모른다. 모험을 두려워하는 성격 탓인지 변화가 클 때는 매번 고민하고 긴장한다. 넘을까 말까, 넘더라도 경주마처럼 단번에 뛰어넘을까, 미풍에 가랑잎 구르듯 낌새 없이 살짝 건널까.

미국 서부 모하비 사막에서 아득하게 바라보던 지평선도, 캘리포니아 해안에서 하늘과 바다를 분간하지 못해 막막하던 수평선도 실은 신기루에 불과하다. 다가가면 멀어지고 또 멀어지고 할 것이니 어떻게 '경계선'이라고 명명하며 선을 그을 수 있단 말인가. 그러면 죽음도 삶의 연장으로 볼 수는 없을까. 모든 것을, 눈으로 실체를 보고 못 봄의 차이로 판단하며 얼마나 많은 구획을 임의로 지으며 살아왔는지 되짚어보게 된다.

나뭇잎을 남김없이 떨구고 회색빛 숲을 이루고 있던 관엽수 군락지에 봄기운이 붕글붕글 부풀어 오르고 있다. 화산 연기 기어오르듯 벅찬 숨을 들썩인다. 겨울의 경계선을 성큼 지나 봄으로 들어섰음이 분명하다. 연둣빛, 자줏빛, 노른빛, 은빛 색채가 어우러진 봄 산이 마치 단풍이 들기 시작한 초가을 산 같기도 하다. 어둠의 세계에서 밝음의 세계로 넘어온 것이다.

원래 우리 마음에는 경계선이란 없다고 한다. 종(鐘)이 비어 있듯이 마음도 비어 있어서이다. 경계가 생기는 것은 인연법에 의해서 마음이 작용하기 때문이라고 선승들은 일러주고 있다. 선과 악, 기쁨과 슬픔, 사랑과 미움의 경계선도 실은 내가 만드는 것이란다. 아마도 이별 또한 그렇지 않을까. 어떤 대상을 인연 따라 만나서 길들여진 후에, 그 사라진 빈자리를 채우지 못해서 힘이 들 때는 인연이 다했다고 덤덤하게 받아들일 일이다.

오랜 기간 나를 공황상태로 몰아넣었던 삶과 죽음의 경계선을 나도 한번 넘어보자. 아니, 없애보자. 나침반도 없이 긴 간을 헤매고 다녔던 그곳에서, 이제는 빠져 나올 수 있을 것 같기도 하다. 원래의 마음자리가 찾아질 수 있기를 바라면서.

고향을 만나다

세월이 흘러도 좀처럼 멀어지지 않는 것이 있다. 노곤한 삶이 연속될 때는 비온 뒤의 풍경처럼 더욱 선명히 떠오른다. 고향이다.

그러나 타향살이를 하는 사람은 물론, 고향땅에 몸 붙이고 사는 사람들조차도 이제는 기억 속의 가슴 설레는 고향을 만날 수가 없다. 때로는 잃어버린 고향에 대한 상실감이 하루 일과의 고단함보다 더 힘들기도 한다. 내 고향은 아니었지만, 내가 그토록 그리워하던 고향의 품안에 안긴 듯 편안하고 정겨운 하룻밤을 보낸 곳이 있다. 독서모임인 '맑은 향기' 회원들과 함께 간 '외암리 민속마을'에서였다.

칠월 초입, 마을 입구의 초목들이 그간 쏟아 부은 장맛비를 한껏 들이마신 듯, 건드리기만 해도 초록물이 흠뻑 묻어나올 것만 같다. 드넓게 펼쳐진 마을 앞 논의 초록 벼들도 모처럼 내리쬔 햇볕을 받아 새뜻하다. 약 500년 전에 마을이 형성되었다는 외암리 민속마을이 쉽게 친근해질 수 있었던 것은 아마도 그 마을 사람들이 실제로 생활하고 있기 때문일 것이다. 60여 가구 중 50가구 정도가 초가집이고 나머지는 기와집으로, 가옥마다 관직명, 출신지명인 영암군수 댁, 참판 댁, 참봉 댁과 같은 택호를 달아 놓았다. 예안 이 씨 문중의 위상과 구성원들을 함께 드러내고 있는 것이리라.

마을 뒤로는 설화산이 둘러 있고 앞으로는 외암천이 흐르는, 평화롭고 전형적인 시골 마을이다. 마을 어귀에 서 있는 두 쌍의 장승과 솟대는 마을의 안위를 지킴은 물론, 방문객을 반갑게 영접하는 것 같다. 600세의 나이테를 가진 마을 보호수는 넉넉한 그늘로 행인들의 발길을 잡아둔다. 삼삼오오 둘러앉은 사람들이 느티나무 이파리만큼이나 많은 이야기를 쏟아내고 있다.

우리가 묵게 된 곳은 위채, 아래채가 있는 아담한 초가집으로, 뒤란에는 옥수수 밭과 장독대가 있고 앞뜰에는 채마밭과 우물이 있다. 우물가 감나무 아래에 놓인 자그마한 평상은 객을 향해 손짓하는 것 같다. 집안 곳곳에는 홀로 사시는 할머니의 부지런함이 배어 있다. 마당가 꽃밭에는 채송화, 봉숭아, 백일홍 들이 오늘 하루 햇살이 너무 눈부셨는지 고개를 뒤로 빼고 있다. 텃밭 고추는 약이 올라 반들반들하고, 지지대를 타고 올라간 오이 넝쿨에는 새끼 오이가 가시 옷을 입은 채 여기저기 매달려 있다.

우리는 할머니를 모시고 마을 앞 식당에 가서 저녁 식사를 하려

했으나, 한사코 말리시는 덕분에 텃밭의 채소들로 저녁상을 차리기로 했다. 일행 중 일 잘하고 손맛 좋은 두 형님들이 팔을 걷어부친다. 할머니 부엌이 낯설지 않은 듯 익숙한 몸놀림이다. 미처 부엌 자리도 차지하지 못한 나머지 회원들은 기울어가는 붉은 햇살을 가슴 가득 받아 안으며 평상에 걸터앉았다. 약쑥이 섞인 검불로 모깃불이라도 피우면 좋으련만. 모두들 하늘로 긴 기둥을 만들며 올라가는 모깃불 연기를 생각하는지 아련한 눈빛이다. 애쓰지 않아도 저절로 마음이 맞는 회원들을 만나게 된 인연에 서로서로 고마워한다. 풋콩을 섞은 밥에 매콤한 고추를 썰어 넣은 된장찌개, 감자 들기름 볶음, 오이 무침, 풋고추, 상추쌈…… . 엄마 손 맛 밥상에 모여 앉은 우리는 어느새 할머니와 한 가족이 되었다.

일행이 묵으려고 말끔하게 치워 놓은 아랫방은 비워두고, 우리 모두는 할머니 방에서 촘촘히 드러누워 이야기꽃을 피웠다. 딸부잣집이 되었다며 즐거워하시는 할머니와 함께한 여름밤에 나는, 개구리 울음소리가 낭자하던 내 고향으로 훌쩍 건너가고 있었다. 곤히 잠든 임들을 바라보니 한결같이 선하고 평안해 보인다. 밤공기가 찬 것을 의식해서인지 잠결에도 이불을 끌어다가 옆 사람을 덮어주는 손길에 정이 묻어난다.

새벽에 아차, 하는 심정으로 퍼뜩 잠에서 깨어났다. 어제 저녁에 노을빛으로 물든 고샅길을 걷고 싶었으나 그리 못한 것이 못내

아쉬웠던 모양이다. 새벽길이라도 걸어보고 싶은데 임들의 단잠을 깨울까 조심스럽다. 마침 어둠 속에 누군가가 화장실에 다녀오는 기척이 들린다. 가만히 살펴보니 이 선생이다. 팔을 낚아채듯 잡아끌고 살금살금 밖으로 나왔다. 동행을 만든 것이다.

한여름이지만 새벽공기가 제법 차다. 우리 둘은 옷깃을 여미며 아직도 잠속에 들어 있는 외암리 마을길을 사박사박 걷기 시작했다. 이런 황톳길, 돌담길을 얼마나 걷고 싶었던가. 집안이 다 들여다보일 정도로 키 낮은 담장들이 집집마다의 특색을 구분 짓는다. 무성한 담쟁이와 호박넝쿨은 돌담이 자기들의 길인 양 여유롭게 기어오른다. 부푼 입술로 벙긋거리는 능소화도 돌담 위로 올라와서 바깥세상을 구경한다. 해바라기와 접시꽃 역시 덩달아 키를 높여 담장 아래를 굽어보고 있다.

어느 집에선가 닭이 홰치는 소리, 개 짖는 소리가 간간히 들려온다. 이른 아침에 들판을 둘러보고 오시던 아버지가 생각난다. 삼베 바지는 이슬에 흠뻑 젖어서 다리에 휘감겨 있었고, 어깨에 둘러멘 망태기에는 가지나 풋고추, 참외 나부랭이가 담겨 있었다. 닭장엘 들어갔다가 나오실 때는 갓 낳은 달걀을 꺼내 와서 개구쟁이 달래듯 내 손을 끌어다 쥐어주셨지. 그럼 나는 그 달걀의 온기를 느끼며 툇마루에 앉아서 남은 잠을 떨쳐내곤 했었다.

이 선생과 나는 비록 고향은 달라도 간직하고 있는 추억이 비슷한 것에 반가워하면서 마을 한 바퀴를 다 돌았다. 숙소로 돌아가기 전에 우리는 논둑길을 걸어보기로 했다. 풀잎에 밤새 내려앉은 이슬방울들이 은색 구슬을 뿌려놓은 듯 영롱하게 빛난다. 손바닥에 그 이슬들을 쓸어 담으며 냇가 쪽으로 난 길을 가고 있는데, 산 밑이라 아직은 어둑한 곳에 백로 떼가 앉은 것처럼 희끗희끗한 것이 보인다. 놀란 눈으로 재게 걸어 다가가보니 백련 밭이다. 순간, 숨이 멎을 것 같은 환희가 일어났다. 새하얗게 만발한 꽃송이와 아직 연둣빛이 감도는 백련 봉오리들이 넙적한 연잎 사이로 꽃대를 쑥 밀어 올려서 새벽기도 중인지 미동도 없다.

내 고향에는 이런 연꽃은 없었지만, 이맘때쯤이면 하얀 박꽃이 지천으로 피었다. 저녁이면 천사의 날개 같은 박꽃들이 초가지붕을 하얗게 덮곤 했다. 아침 이슬을 머금고 청초히 나를 바라보던 박꽃에 매료되어서, 누군가 내게 제일 좋아하는 꽃을 물으면 주저 없이 박꽃이라고 말하곤 했다.

외암리의 새벽녘 백련 속에서 하얀 박꽃을 만나고, 박꽃과 함께 잊었던 고향을 떠올린다. 문득, 무명옷을 입은 부모님이 들로, 개울가로 분주히 오가던 내 고향이 더욱 그리워진다.

기다림, 나의 '고도'는

순백의 세상이다. 사물의 형체를 알아보기 어려울 정도로 오랜만에 많은 눈이 내렸다. 여전히 눈발은 소리 없이 내려앉고, 나뭇가지에 쌓였던 눈 더미는 북슬북슬한 목화송이가 되어 낙화한다. 더러는 녹아내리는 만년설 조각처럼 육중하게 미끄러진다. 창밖의 설경이다. 이른 봄 향기를 그러모은 우전차를 마시며 나는, 이미 누군가를 기다리고 있다. 누구일까, 무엇일까.

그렇다. 삶이란 곧 기다림의 연속인 것이다. 강보에 싸인 아기일 때는 어머니가 유일한 기다림의 대상이었을 것이다. 안아주고 젖을 주고 재워주고. 성장하면서 그 대상은 다양해진다. 형제, 친구, 연인과 같은 사람에 한정되지 않는다. 지나간 시간에 채색된 기억들과 미래에 수놓일 나의 희망까지도 '기다림'의 수레에 올라앉는다. 자식을 두고부터는 그들의 기다림조차 대개는 나의 것이 되기도 한다.

혹독한 추위나 더위가 엄습하면 봄·가을이 유난히 기다려지는 것과 같이 내가 많이 힘들고 외로울수록 그리운 이를 더 기다리게 된다. 그런 순간을 탈출할 수 있는 그 무언가를 애타게 기다리며 만남을 기대하고 희망을 꿈꾼다. 산다는 건, 누군가를 기다리며 울고 웃는 일이고, 기다리다 지치면 창문을 열고 내가 그들을 찾아 나서는 일인지도 모른다. 그래도 만날 수 없는 경우에는 '그리움'의 달을 만들어 창공에 띄워놓고 올려다보며 가슴을 쓸어내리는 일도 있을 것이다.

아일랜드의 극작가 사무엘 베케트는 그의 노벨상 수상 작품인 <고도를 기다리며>에서 기다림을 인상 깊게 그려내고 있다. 블라디미르와 에스트라공이라는 두 늙은 방랑자가 '고도'라는 인물을 기다리는 것으로 시작해서 그 기다림으로 끝나는 희곡이다. 여기서 고도의 존재는 불확실하다. 기다리는 장소와 시간조차 확실하지 않은 채, 꼭 오겠다는 전갈만을 믿고 그것이 자신들의 숙명인 양 기다리고 또 기다린다. 한 그루의 앙상한 나무만이 서 있는 언덕에서 지루한 기다림의 시간을 견뎌내기 위하여 그들이 할 수 있는 일은 말하기이다. 서로 질문하고 답하기, 욕하기, 장난하기 등이다. 초조함과 낭패감을 극복하려고 끊임없이 지껄이는 두 사람의 무의미한 행동의 반복은 독자에게 지루함을 안겨준다. 하지만 그 모든 노력은 고도가 오기만 하면 기다림이 끝난다는 희망 속에 이루어진 것이다.

무엇인가를 잃어버리고 간절하게 찾아본 사람은 안다. 잃어버린 것의 빈자리가 얼마나 크고, 그곳에 배어 있던 사랑의 향기가 얼마나 짙었는지를. 유형무형으로 내게 속해 있었던 것들이 떠난 뒤에, 내 둥지의 메마름이 얼어버린 가랑잎처럼 기억된다면, 기다림은 곧 일상이 될 수도 있을 것이다. 나라를 빼앗긴 백성의 설움과 고향을 등진 나그네의 향수는 꿈속에서도 그곳으로 회귀할 수 있기를 고대하는 것으로 형상화된다.

감옥에 갇힌 죄수가 출옥의 날을 손꼽아 기다리는 것이나, 빡빡한 일상에서 벗어나 여행을 떠나고 휴식을 취하고자 하는 현대인들의 몸부림도 역시 기다림의 표출이다. 사람이나 제도에서의 일탈, 즉 자유를 기다리는 것이다. 갇혀본 자만이 자유의 소중함을 절실하게 느낄 수 있다. 일과 시간의 포로가 되어 의지가 상실된 상태로 살아본 자만이 자유가 빵보다 더 필요하다는 것을 실감할 것이다.

기다림에는 그리움이 묻어 있고, 그 그리움에는 사랑이 배어 있다. 그래서 기다림은 바로 사랑이다. 또한 내가 살아 있음의 확인 행위이다. 기다리는 사람들 중에는 내게 돌아올 수 있는 사람도 있지만, 돌아오지 못할 사람도 있다. 언제든 전화 한 통화면 만날 수 있는 사람도 때로는 몹시 그리운데, 만나지 못할 사람이야 말해서 무엇 할까. 기다림은 만남의 가능성을 따지지 않는다. 그냥 기다린다. 공기 중에 흩어진 이름이 그리움이요 기다림이다. 그래서 허공에 대고 쭈뼛거리며 손짓한다.

블라디미르와 에스트라공이 기다리던 고도는 무엇이었을까. 미국의 어느 연출자가 작가 베케트에게 고도가 무엇이며 무엇을 의미하냐고 물었다. 그 질문에 베케트는 본인이 그걸 알았더라면 작품 속에 썼을 것이라고 해서 '고도'에 대한 궁금증은 증폭될 수밖에 없었다. 고도는 신이다, 빵이다, 자유다, 희망이다……. 나름대로의 해답이 쏟아져 나올 뿐이다.

그러나 이 질문에서 얻을 수 있는 지혜가 한 가지 있다. 서두르지 말고 기다려야 그 대상은 숙성된 맛으로 내게 돌아올 수 있다는 것이다. 기다릴 줄 알아야 쓰라림을 넘어 기쁨을 얻을 수 있을 것이다. 속전속결을 원하는 요즘 사람들, 아니 내가 곱씹어야 할 대목이다. 철부지 자식이 스스로 깨닫도록 기다릴 줄 모르고 성급하게 지적하고 대안을 제시한 일들로, 그 아이들이 철들 수 있는 기회를 얼마나 많이 빼앗았는지. 숙성되지 않은 와인을 마시고, 설익은 과일을 따먹고, 뜸 들지 않은 밥을 먹으며 얼마나 많은 후회를 했는지 헤아려볼 일이다.

오늘도 나는 기다린다, 나의 '고도'를. 어쩌면 내 생이 다하는 날까지 기다려야 할지도 모른다. 그래도 나는 기다릴 것이다. 무지개나 파랑새가 아니길 간절히 바라면서 말이다.

박 헌렬(朴憲烈)

hyunryul@cau.ac.kr

부산 출생
서울대학교 졸업, 프랑스 파리6대학교 공학박사
중앙대학교 교수, 힐텍·힐빙문화연구소 소장, 국제힐빙학회 회장
2006년 <순수문학>으로 등단
이음새 문학회 회원, 순수수필 작가회 회원
수필동인지 <별이 없는 하늘 아래> 등 다수

영월스런 멋, 오 선생

영월(寧越)은 정말 자연 그대로 살아 숨 쉬고 있었다. 초등학교 시절 손꼽아 기다리던 수학여행 때처럼 호기심과 설렘을 품고서 그곳으로 향했다. 10여 년 전에 서울을 훌쩍 떠나 영월스럽게 살고 있는 친구가 보고 싶어서다. 차창 밖으로 보이는 논밭은 온통 흰 눈으로 덮여 있었다. 신묘년 1월 하순, 연말부터 유난히 자주 내린 눈은 호된 추위가 그치지 않으니 푹 쌓여 녹을 줄 모른다. 오히려 추위에 떨며 깊은 잠에 빠져있는 대지를 따스하게 감싸주니 대지는 얼마나 눈을 반가워할까.

영월행 고속버스는 제천에서 빠져나와서 38번 국도를 따라 검각산(劍角山) 자락의 각한터널을 통과한다. 바로 잔잔히 흐르는 물줄기가 시야에 들어온다. 서강(西江)이란다. 태백산맥과 차령, 소백산맥으로 이어진 산줄기와 들판을 감싸 안으며 흐르는 서강은 이 지역 생명수 역할을 하고 있다. 버스가 장릉(莊陵), 동강(東江)방향으로 꺾여 읍내 터미널에 닿았다. 하늘은 푸르고 햇살이 따사하다. 99년 9월 은하철도 999를 타고 영월에 정착한 친구 오 선생이 마중을 나왔다. 서울을 떠나기 전까지만 해도 바둑으로 수담을 나누거나 자주 술잔을 기울이던 친구다. 옛 추억이 아직도 마음속 한 자리를 차지하고 있어서인지 그를 만나자 갑자기 뭉클한 감회가 솟아 잡은 손을 잠시 놓지 못하였다.

점심때가 늦었지만 "금강산도 식후경"이라며 친구는 '청산회관'으로 나의 손을 이끌었다. 산채 정식으로 이름난 집이라고 한다. 이곳 특산물인 곤드레나물밥을 시켰다. 몇 년 전에 정선이나 서울에서 먹었던 곤드레 맛과는 뭔가 좀 달랐다. 삶은 호박잎처럼 부드럽게 씹히는 곤드레가 참 구수하고 은은하게 깊은 맛을 주었다. 그 미묘한 맛의 여운은 이곳 지형, 풍토와 연관이 있는 것 같다고 친구가 말했다. 이곳에는 석회암이 녹아 형성된 온대카르스트(석회암 용식지형)지형이 발달해 있다고 한다. 오랜 세월동안 석회석이 비바람에 날리고 녹아내리며 형성된 영월 토양은 배수가 잘 되면서도 함수(含水)도 잘되는 성질을 갖고 있단다. 그래서 물속에 녹아 있는 다양한 성분들이 흙에 달라붙어 양토가 됐기 때문일 거라고 오 선생은 설명한다. 그래서 곤드레도 이 지역만의 특별한 맛을 내겠거니, 하는 생각이 들었다.

오 선생은 자신의 별명이 '어디에 내놓아도 부끄러운 사람'이라고 한다. 언뜻 들어 무슨 얘긴지 나는 이해가 가질 않았다. 얘기인즉, 자신은 자동차면허 필기시험에도 떨어진 경력의 소유자라서

부인이 운전하는 차를 늘 타고 다닌단다. 그의 말 속에는 평소 그가 가지고 있던 솔직, 담백한 인품이 그대로 녹아서 우리는 오랜만에 훈훈한 웃음을 함께 나눴다. 그의 소탈한 성격과 유머러스한 기질을 늘 좋아했고, 내가 생각지 못하는 걸 느끼고 배우게 하는 까닭에 존경하는 친구이기도 하다. 그는 서울 강남의 G 고교에서 강원도 영월고등학교로 전근을 자청한 기인 같은 면도 있는 인물이다. 저녁이 되어 카페에 들어가 얘길 나눌 때이다. "가만히 있으면 춥죠?"라고 주인이 말을 건네니, 그는 대뜸 "가마니 쓰면 따끔따끔 하죠?"라고 하기에 처음엔 또 무슨 얘긴가 했다. 가만히 생각해보니 웃음이 절로 나와 또 배꼽을 잡았다. 그 친구의 기지와 위트가 번뜩이는 말을 놓치지 않기 위해 나는 그와 함께 있는 동안에 귀를 잘 기울인다. 그 말의 진미를 알아차려 웃음을 놓치지 않아야 내가 젊어지는 까닭이다.

식사를 하면서 시골 장날 얘기에 미쳤다. 정선이 2·7일, 제천이 3·8일, 주천이 1·6일, 영월이 4·9일에 장날이 서는데 0·5일은 생각이 나질 않는단다. 5일마다 장판을 돌면서 필요한 물건을 파는 사람을 그래서 장돌뱅이라고 부른다. 오랜만에 만나 그의 우스꽝스런 얘길 들으면서 나도 모르게 영월스러운 흥취와 매력에 흠뻑 취하고 있었다.

우리 일행은 영월 맛의 미련을 남긴 채 산하 구경에 나서며 서면에 자리 잡은 선암마을로 향한다. 지금은 한반도면으로 불리고 있다. 왜 그랬을까. 그 사연은 북쪽으로 백두산, 남쪽에 포항 호미곶이 보이고 흐르는 서강의 물줄기가 삼면의 해안을 감싸도는 마을형상이 마치 한반도 지형을 닮았기 때문이다. 그래서 면 이름 자체를 바꿨단다. 한반도면 옹정리 선암마을 조망대에서 본 전경은 직접 보니 정말 신통할 정도로 쏙 빼닮았다! 그런데 이 마을이 유명세를 탄 것은 그리 오래되진 않았다. 그것은 향토 사진작가 고주서씨가 1995년에 발견한 후부터다. 그 전에도 바로 그 자리에 선암마을은 서강과 함께 변함없이 있었건만 왜 아무도 눈치 채질 못했을까. 참 신기한 일이다. 2005년에는 고주서씨가 제안해, 조망대 부근에 자원 봉사자들과 토종 무궁화나무를 천 그루나 심으면서 선암마을답게 조성해줬다. 때마침 일본의 독도 망상과 교과서 왜곡 문제, 그리고 중국의 고구려사 왜곡 문제가 있던 터라 나는 무궁화를 심은 분들께 마음에서 우러나는 찬사를 보낸다.

영월은 가는 곳마다 삼림이 울창하고 산과 강밖에 보이지 않는 지역이다. 친구는 시간이 날 때면 발길을 서강으로 옮겨 낚시를 하는데 강 전체가 자기 낚시터란다. 일급수인 강물에는 꺾지(바다우럭과 비슷한 것), 쏘가리, 피라미, 쉬리 등 맑은 물에만 사는 물고기들이 즐비해 낚시가 마냥 즐겁다고 은근히 자랑을 한다. 아닌 게 아니라 다음 날 아침 일행은 친구 집에서 그 귀한 꺾지 맛과 아삭 고추, 꺽정이, 무말랭이, 묵나물을 먹으며 또 한 번 영월스런 맛을 체험했다.

봄이 되면 산에 올라 고사리를 꺾는 재미, 냉이를 캐고 취나물을 뜯는 맛이 쏠쏠하단다. 올 봄에도 때가 되면 연락할 테니 내려와서 산에 지천으로 널려있는 나물을 꺾고, 캐고 뜯어 가란다. 내년 봄에는 아내와 함께 때 맞춰 이곳에 내려와 꼭 산나물을 찾아다니며 영월스러운 맛을 다시 한 번 즐기고 싶다. 문득, 예서 유유자적 살아가는 친구의 삶에서 인생의 멋이 느껴진다. 그런 친구가 있어 행복하다.

포츠담 상수시성의 추억

포츠담! 제 2차 세계대전 후 연합국회담이 열린 곳으로 떠오른다. 2010년 8월 초 스톡홀름에서 항공편으로 베를린 테겔 공항에 도착했다. 깜깜한 밤이었다. 독일 통일의 출발지인 베를린은 꼭 와보고 싶었던 곳이다.

초행인 이방인을 공항에서 반갑게 맞아준 이는 같은 대학에 근무하는 슈타인 선생이다. 그는 마침 베를린에 체류하고 있었다. 공항을 벗어나 버스와 지하철을 갈아타며 호텔에 도착했다.

다음 날 아침, 일어나자마자 베를린 동네 모습이 궁금해 창문을 열었다. 시원한 바람이 뺨을 어루만지니 기분이 상쾌했다. 여느 대도시의 쾨쾨한 공기와는 사뭇 달라 첫 인상이 좋았다. 슈선생이 호텔로 찾아와 오늘 구경하러갈 포츠담 여정에 대해 의논했다. 베를린 교외에 있는 포츠담은 하벨 강이 흐르고 호수가 많고 풍치가 아름다워 일찍이 제 2의 베니스로 불렸다. 숙소를 나와 버스편으로 서베를린 역으로 향했다. 독일 통일이 되기 전에 모스크바에서 파리로 갈 때 거치던 역이다. 이방인의 호기심 어린 눈으로 낯선 역구내를 두리번거렸다. 벤치에서 딱 붙어 달콤한 대화를 나누는 젊은 남녀, 신문을 보고 있는 중년 남자와 할머니가 눈에 띄었다. 80세쯤 되어 보이는 할머니가 흰 모자와 안경을 끼고 신문을 숙독하는 모습이 얼마나 아름다운지!

위층으로 올라가 급행열차(S-Bahn)를 탔다. 기대와 설렘으로 어릴 때 소풍가는 마음으로 포츠담을 향했다. 달리는 도중 갑자기 철로변 소음방지 벽에서 뭔가 갑자기 튀어나오는 듯해 깜짝 놀랐다. 자전거 그림과 무슨 글자인 듯한 낙서였다. 아마 이곳에 누가 볼썽사납게 낙서를 했겠거니 하고 지나쳤다. 다양한 낙서 디자인이 베를린 여기저기서 눈에 띄는 걸로 보아 이곳 문화의 한 단면이리라.

차창 밖으로 그룬발트(Grunewald)라는 글자가 눈에 띄어 슈선생에게 물어본다. 그룬이란 옛날에 녹색의 뜻을 지녔단다. 그래서인지 주위에 숲이 많고 지금도 주거지로 손꼽히는 곳이다. 사십여 분이 지나 역사적인 포츠담 역에 도착했다. 우리 일행은 역에서 나와 '상수시(sansouci)성' 공원행 시내버스를 탔다. 역 주변 한쪽 공간에는 세워둔 자전거가 눈에 많이 띄는 게 아닌가. 줄잡아 수백 대는 되리라. 여행객들과 이곳 시민이 저탄소 녹색관광수단으로 자전거를 얼마나 많이 이용하는가를 여실히 보여준다. 버스 창밖으로, 흐르는 조그만 내를 따라 18세기에 지은 고풍스런 교회 건물과 종탑이랑 단층의 뮤지움이 눈에 들어온다. 아주 평화스럽고 푸근한 느낌을 주었다. 버스가 몇 정거장을 지나서 내렸다. 수목이 펼쳐진 호젓한 길을 따라 걷는 사람들 뒤를 따르니 금세 성에 다다른다.

먼저 우리를 맞이하는 둥근 대리석 기둥들이 원형 모양으로 쭈욱 둘러져 상수시 궁전으로 이어진다. 마치 그리스 신전의 웅장한 기둥을 연상시켰다. 이를 구경하는 가족과 연인들의 표정이 제각각이다. 가방을 어깨에 멘 아버지가 딸 손을 잡고서 기둥을 가리키며 뭔가 얘기를 나누는 모습이 무척 정다웠다. 우리 일행도 원형 기둥을 따라 산책하는데 불현듯 기둥 사이로 숲속의 저쪽 고풍스런 유적이 눈길을 끌었다. 프레드릭 2세가 일부러 고색창연한 분위기를 자아내도록 구조물을 축조한 것이다. 이 성은 파리 교외에 있는 베르사이유 궁전 정원보다는 규모 면에서 작지만 2차 대전 중 피해를 입지 않아 유명해졌단다.

'상수시'란 불어로 '근심이 없이'란 뜻에서 나타나듯이 프레데릭 2세가 시골에서 한적하고 조용히 지내기 위해서 지은 여름 별장이다. 상수시 궁전은 뒤편에 자리 잡은 분수대에서 바라보면 몇 층으로 이루어진 테라스에 포도를 심은 포도밭으로 장식되어 독특한 아름다움을 자랑하고 있다. 포도밭과 물을 뿜어내는 분수랑 넓은 정원의 울창한 수목들이 잘 어우러져 독특한 조화로움을 이방인들에게 뽐낸다.

오늘은 마침 궁전 입장을 하지 않는 날이라, 뒤쪽 편의 넓은 정원을 산책하기로 했다. 분수대로 향해서 계단으로 내려가는데 어디선가 귀에 낯익은 소리가 들려와 고개를 돌린다. 한국말을 하는 여성 셋이다. 반가워서 대뜸 "어디서 오셨어요?"라고 물으니 인천에서 유럽 배낭여행을 하러 왔단다. 그저께 네덜란드에서 베를린에 도착해 오늘은 자전거를 빌려 타고 포츠담에 구경 왔다며 내일은 드레스덴으로 떠나는 일정이다. 함께 분수대 주위에서 고국을 떠난 여행담을 주고받고 있는데 스페인어를 하는 여성 셋이 특유의 수다를 떨며 옆을 지나려는 참이다. 어디서 왔냐고 여쭈니 콜롬비아란다. 남미인은 백인과 토착인의 혼혈이라서 그런지 색다른 매력을 풍겼다. 우리는 꼬레아에서 왔다고 하니 "아! 월드컵 꼬레아"하고 반긴다. 미인들과 기념사진을 한 장 담았다.

우리 일행은 숲속 길을 걸으며 중국풍의 '찻집'을 지나 노이에스 궁전으로 발길을 옮겼다. 궁전 옆 숲 정원 벤치에 앉아 포츠담 옛 공기를 들이마시며 독일통일 당시의 베를린에 대한 얘길 나누던 중, 구소련에 의한 서베를린 육로 봉쇄사건에 이르렀다. 그 당시 미 영 불의 공동 관리 하에 있던 서베를린을 1948년 6월 24일부터 갑자기 서독과 이곳을 잇는 육로를 소련 측에서 봉쇄한 것이다. 그러니 당장 서베를린 사람들이 물과 식량이 부족해 심각한 상황이 벌어졌다. 당시 미국은 봉쇄 6일 만에 항공편으로 템펠호프 공항까지 식료품과 물자를 나르는 힘든 공수작전을 폈다.

그 기간이 무려 1년이나 끌줄이야. 실어 나른 물자는 230여만 톤에 달했다니 상상도 못할 끔찍한 사건이었다.

남북한이 대치 상태에 있는 우리 처지와 무관한 얘기가 아니라 그때의 상황이 정말 심각하게 들렸다. 독일의 전후 문제가 포츠담 회담 후, 평화적인 해결의 실마리를 풀어갔듯이 우리 남북한의 평화통일 문제도 베이징 6자회담으로 주변 국가들 모두를 만족시킬 윈-윈 협약으로 잘 마무리되길 간절히 바랬다. 아름다운 추억이 담긴 포츠담 상수시 성 숲 산책에서의 염원으로 한반도에 평화 정착이 반드시 이루어지리라. 아, 즐겁고 역사적인 추억을 남긴 포츠담이여! 다시 만날 때 까지.

김 해응

jiaohe@hanmail.net

• 연변 며느리

한국학중앙연구원 문학박사

<순수문학> 수필 등단

현재 중국인민대학교 문학대학 교수

연변 며느리

사실 연변 남편을 만나서 연애할 때에는 언어장애 같은 것을 크게 느끼지 못했다. 비록 나는 고향이 길림이고 남편은 연변이었지만, 우리 둘이 이야기할 때에는 주로 중국어를 쓰고 우리말을 써야 할 일이 있더라도 둘 다 한국 서울에서 오래 있었기에 습관적으로 한국말투를 쓰게 되니까 말이다.

그러다가 미래의 시댁에 인사드리러 연길에 가서부터 이 길림 처녀의 수난기는 시작되었다. 연길 기차역에 내려서부터 주변에는 각종 화려한 악센트를 사용하는 연변 사투리가 고막을 자극하는데 귀에 익은 듯 하면서도 알쏭달쏭한 것이 마치 외국에 와있는 느낌이었다. 오히려 연변이나 길림이나 다 같은 동북억양을 쓰는 중국어가 알아듣기 쉬워 그렇게 반가울 수가 없었다.

시댁에 들리자 시어머니는 반색하며 맞아주셨다. 갖가지 맛있는 음식을 상다리가 부러지게 차려주시고 나의 손을 잡으시며 말씀하신다.

"내 하이야가 뿔룩깨를 달고 지나갈 때마다 어째 그리도 부러분지, 그저 언제면 우리 막내도 뿔룩깨를 달고 장가가나 했소." 내 머리 속은 온통 '뿔룩깨'가 뭐지? 하는 물음표만이 가득했다. 연변에서는 남자가 장가갈 때 '뿔룩깨'라는 물건을 달고 가나부다.

나중에 남편이 이야기해 줘서 알게 되었지만, 뿔룩깨는 고무풍선을 이르는 연변말이었다. 연변에서는 결혼차량을 빨간 풍선으로 예쁘게 꾸미는데 시어머님은 풍선을 단 결혼차량이 지나갈 때마다 항상 "우리 막내는 언제 뿔룩깨를 달고 장가갈까." 하면서 노총각인 막내아들의 결혼을 걱정하셨다고 한다.

큰동서도 나를 반갑게 맞아준다.

"막내새끼가 끝내 동무를 데려왔네."

순간 좋던 기분이 바닥으로 떨어진다.

"아무리 허물없는 사이라지만 시동생을 새끼라고 막 부를 수 있단 말인가! 개나 소한테 쓰는 말을 쓰다니." 기분이 잡쳤다. 그래서 말을 안 하고 슬그머니 시어머니와 남편 눈치를 보았지만, 모두 만면에 함박웃음만 머금고 있다. 나중에 어렵게 입을 떼서 남편한테 이유를 물으니 남편이 하하 웃으면서 대답한다.

"막내 새끼가 아니라 막내 시애끼라고 부른 거야. 시애기라고 시동생을 귀엽게 부르던 것에서 유래된 호칭이라고. 이밖에 연변에서는 아내를 앙까이라고 다소 속되게 부르는데, 사실은 그것도 안칸 주인이라고 높여 부르던 데에서 변화되어 생긴 말이지."

그것 참 이상하다. 듣기에는 분명히 다 욕 같았는데 결국은 다 애칭이고 높임말이란다. 아무튼, 무사히 시댁인사를 마치고 얼마 안 가서 결혼식까지 성황리에 올린 후 시어머님이 평소에 내려가 계시는 화룡고향집에 갔었다. 남편의 고향집은 마당이 딸린 전통적인 연변 온돌집이었는데, 아파트에서만 살던 나에게는 미닫이 문도, 후끈후끈한 온돌방도 신기하기만 하다.

일손을 돕겠다고 팔을 거둬 붙이니 어머니는 대견한 눈길로 보시며

"저기 한지에서 불기를 가져다가 씻고, 고기를 넣고 장싸개나 끓이기오."

"네? 뭐… 뭐요? 불기? 장싸개?"

글쎄 볼기라고는 들어봤어도 불기는 모르겠고 오줌싸개, 발싸개는 알아도 장싸개는 모르겠다. 멍~해서 오도 가도 못하고 커다란 눈만 껌뻑껌뻑거리는 나를 보며 남편이 친절하게 통역을 해준다. "밖에 가서 상추를 뜯어오고, 고기를 넣고 뚝배기를 끓인다는 뜻이야." 남편 통역 없이는 정말 귀머거리 신세 벙어리 신세다. "시집가면 귀머거리 삼 년에 벙어리 삼 년"이라는 속담이 뜬금없이 떠오른다.

의사소통이 힘들었지만, 남편의 통역 덕분에 연변식 돌솥뚝배기인 장싸개는 보글보글 맛있게 끓으며 무사히 밥상에 올려졌다. 거기에 시어머니가 직접 마당에 심은 상추며 곰취로 쌈을 싸 곁들

이니 웰빙이 따로 없다. 식후에는 쇠솥에서 구수하게 끓여 낸 누룽지숭늉을 떠서 입가심을 하고, 뜨끈뜨끈한 아랫목에서 등을 지지니 온몸이 녹작지근해 나는 것이 여기가 천국인가 싶었다. 직접 시골체험을 하고 보니 시내에 올라와 계시라고 자녀들이 그렇게 재촉해도 여기를 떠나지 못하는 시어머니의 마음도 좀 알 것 같았다.

지난겨울에는 시어머니께 시내구경도 시켜드리고 자식된 도리도 좀 하려고 우리가 살고 있는 북경으로 모셨다. 교직에 있는 나로서는 겨울방학을 틈타 시어머니와 많은 시간을 보낼 수 있었다. 고향이 북한 무산인 시어머니의 사투리 덕분에 43년이라는 연령 차이가 나는 고부 사이에 언어소통 문제로 인한 재미있는 에피소드도 많았다.

점심식사 시간 소고기국을 드시다가 시어머니께서 "장물을 더 가져다 주오."라고 하시기에 나는 국이 좀 싱거운가보다 생각하고 간장을 떠다 드렸다. 그런데 시어머니는 간장은 다치지 않고 뭔가 다른 것을 기다리시듯이 한참을 앉아계시더니 직접 주방으로 나가서 국을 한 그릇 더 떠오시는 것이었다. 아, 국을 원하셨구나. 우리 고향에서는 간장을 장물이라고 하는데, 연변말에서는 국을 장물이라고 한다는 것이다.

식사가 끝나고 내가 그릇을 주방으로 가져가려고 일어섰다. 시어머니가 드시던 그릇을 쥐려고 하는데 갑자기 한 마디 하신다.

"데제라."

"네?"

아니, 이런 쌍스러운 말을 하시다니? 이건 또 무슨 날벼락인가?

내가 놀라서 눈이 동그래서 쳐다보자 시어머니도 내 표정이 바뀌는 것을 보고 뭔가는 눈치 채셨는지 바로 버리는 시늉을 연속하시는 것이다. 아, 그러니 남은 국을 "던져라", 즉 "버려라"는 뜻이었다. 나는 "죽으라"는 말의 비속어인 "뒈져라"인 줄 알고 기절초풍하는 줄 알았다.

그 일이 있은 후부터 나는 시어머니와의 원활한 의사소통을 위해 서울말투만 고집하던 데로부터 연변말을 가르쳐달라고 남편에게 부탁하기에 이르렀다. 그러니 남편은 내가 기특하다고 난리가 났다.

"저 중 잘 뛴다니까 장삼 벗어 걸머지고 뛴다."고 나는 내친 김에 〈연변말–표준어〉 노트까지 만들었다.

시누비–시누이

자부럽다–졸리다

데져라–버려라

장싸귀–뚝배기

장물–국

염지–부추

한지–바깥

지치다–(음식물이)남다

한판–가운데……

허망–공중(시어머님은 많은 장소를 '허망'이란 단어 하나로 간단하게 표현하신다. 듣는 사람이 머리를 잘 써서 정확하게 이해해야 한다. 남편은 한지는 寒地, 허망은 虛妄이라면서 연변사람이 유식하여 한자어를 많이 쓰다 보니 생긴 단어라고 한다. 믿어야 할지~)

이렇게 열심히 공부하다 보니 나의 연변말 실력도 일취월장해서 하루가 새롭다. 약간 어수룩하게 "잇째이쿠 머임까."로 서두를 떼면 주위의 연변 분들은 배를 그러안고 웃는다. 특히, 남편에게 "동무 집에 왔슴까?" 하고 연변식 말투로 애교를 부리면 시무룩해 있다가도 바로 눈이 가늘어지면서 입이 귀에 걸린다. 이 정도면 나도 명실 공히 합격된 연변며느리라 할 수 있겠지!

올해도 여름방학이 기다려진다. 여름방학에는 항상 피서 겸 해서 연변에 있는 시댁에 놀러가니깐. 80 고령의 시어머니는 내가 가면 몸보신 해 주시겠다고 봄부터 병아리를 사다가 정성스레 키우신다. 아파서 허리가 물음표처럼 꼬부장하게 되었는데도 내가 좋아하는 토마토며 당근이며 상추며 곰취 등 각 종 무공해 야채들을 심으신다. 우리가 가면 하나라도 못 먹여 보내서 안달이시고 우리가 무조건 많이 먹으면 그렇게 기뻐하신다.

이번에 가면 시어머니랑 따뜻한 온돌방에 나란히 누워 창문으로 비치는 푸르스름한 시골의 달빛을 느끼며 '유창한' 연변말로 시어머니랑 오순도순 이야기를 나눠야겠다. 고부간의 따뜻한 정을 쌓아가야겠다. 차곡차곡, 밤이 새도록.

(2011년 봄)

한 경석

han4815@hanmail.net

- 육영수 여사 생가를 다녀와서
- 김 국장과 용각산
- 정지용은 지금도 살아있다

충북 옥천 출생
중앙대 신문방송학과 졸업
중앙대 대학원 신문학과 석사·박사
동아일보 기자·차장·부장 역임
중앙대학교 신문방송학과 겸임교수
한국 신문기자 클럽 회장
<순수문학>으로 등단
대한민국 서예대전 서예 초대작가
동양미술대전 문인화 초대작가
이음새에세이 문학회 회장

육영수 여사 생가를 다녀와서

당신이 길을 떠나던 날 청와대 뜰에 붉게 피었던 백일홍과 숲속의 요란스런 매미소리는 주인을 잃은 슬픔을 애달파 하는 듯 다소곳이 흐느끼고 메아리 쳤는데, 이제 벌써 당신이 가고 한 달.

아침 이슬에 젖은 백일홍도 아직도 눈물을 거두지 못하고 있는데, 매미소리는 이제 지친 듯 북악산 골짜기로 사라져 가고, 가을밤이 서서히 뜰에 찾아와 세월의 아픔을 새삼 느끼게 되노라.

여름이 가면 가을이 찾아오겠지만 당신은 언제 또 다시 돌아온다는 기약도 없이 한번 가면 다시 못 오는 불귀의 객이 되었으니 이것이 천정의 섭리란 말인가.

아! 그대여 어느 때 어느 곳에서 다시 만나리.

(1974년 9월 15일 박정희 대통령의 글 중에서)

박 대통령은 육영수 여사가 죽고 난 뒤 많은 글을 일기체 형식으로 남겼다. 한 줄 한 줄 모두가 육 여사를 못 잊어 쓴 글이다.

위에 적은 것은 그 중의 하나다. 문세광이라는 총객에 의해 쓰러진 육 여사를 생각하며 언제 다시 만날까하는 생각을 잘 나타내고 있다.

작년 겨울 나는 충북 옥천군 옥천읍 교동리에 위치한 육 여사의 생가를 찾았다. 그곳은 박정희 전 대통령의 부인인 육영수 여사가 1925년 11월 29일 태어나 25년 간 젊은 시절을 보냈던 곳으로 흔히 교동집으로 불렸다. 이 교동집은 옥천에서는 명가로서 1600년대부터 김(金) 정승, 송(宋) 정승, 민(閔) 정승 등 삼정승이 살았던 집으로 유명하다.

집 뒤로는 마성산이 길게 뉘어져 있고 앞에는 노적봉 나지막하게 있다. 이 집은 1918년 육종관 씨가 사들여 기단을 높여 개축했다고 전해지는데, 당시에는 10여 동의 건물이 있었다고 하며, 사랑채 내당 사당 별당 등이 팔각지붕의 형태를 지닌 가옥이었다고 한다.

그러나 지금은 13채의 가옥이 있다. 1969년 현대건설이 전면 개보수를 하다 원형이 많이 훼손되고, 1974년 육영수 여사 서거 후 방치되어 오다, 1999년엔 철거되어 생가 터만 남게 되었다. 그러다가 옥천군이 2004년 안채 복원공사를 시작으로 건물 및 부대시설을 2010년에 복원하여 현재의 집을 짓게 된 것이다.

안채 뒤쪽엔 안방과 붙어 있는 육영수 여사가 살았던 방이 있다. 그것은 사람 하나가 잘 수 있는 아주 자그마한 방이었다. 그곳엔 몇 개의 살림살이와 이불 등이 있다. 그리고 그 뒤엔 대나무 밭과 육 여사가 걸었음직한 넓은 공간이 있다. 옆엔 또 연자방아와 뒤주가 2개씩 있어 당시의 교동집이 얼마나 잘 살았는지를 잘 보여주고 있다.

육 여사의 아버지 육종관씨는 3형제 중 막내로 만석꾼이고 검소한 사람이었다. 옥천 육씨로 옥천에서는 이름난 부자다. 그는 대단한 수집광으로서 담배나 일용품 등 모든 것을 수집하는 수집광이었다. 그리고 그는 당시에는 갖기 힘들었던 자동차도 가지고 있었는데, 당시 방개차라고 불리었던 귀한 승용차와 트럭 한 대를 가지고 있었다. 나에게 이러한 사실을 말해 준 어떤 노인은 육종관씨가 직접 운전하는 트럭을 타고 부여 부소산으로 소풍 갔다 왔다고 말했다.

그는 또 자신만이 가지고 있던 커다란 말굽자석을 가지고 있었다. 아침마다 신작로로 끌고 다니며 운동을 하며 쇠 등을 모아 왔는데, 한 번 나갔다 집에 오면 금반지라든지 돈 쇠붙이 등이 많이 매달려 있었다고 한다. 그는 아침마다 이런 일을 했다. 사람들은 "만석꾼은 아무나 하나. 그는 한걸음을 다녀도 공짜로 다니는 법이 없어. 만석꾼은 역시 만석꾼이야."라고 하며 그를 부러워했다.

그는 큰마누라를 내쫓았다. 그것은 그 여자가 자신의 산에서 묏자리를 마음대로 다른 사람에게 줘 싫어했기 때문이라고 했다.

그녀가 바로 육인수와 육영수 여사의 어머니였는데 나중에 박정희 대통령은 이 사실을 알고 장모를 항상 모시고 살았다. 실제로 육인수씨가 국회의원에 나왔을 때 박 대통령이 옥천으로 찬조연설을 나왔다. 그때 박 대통령은 찬조연설을 해 주었는데 장인은 보지 않고 그냥 지나쳤다. 그러면 육 여사가 나와서 모든 사람들에게 친절하게 악수를 하면서 뒤처리를 다하고 갔다.

또 그 집엔 귀빈접대용으로 사용했던 사랑채가 있는데, 박 대통령이 옥천을 방문했을 때 임시 집무실로 사용되었다고 안내서에 기록되어 있다.

또 육 여사가 살았던 구읍(舊邑)은 풍수지리설상으로도 좋았던 모양이다. 지금도 옥천 지역에서 국회의원이 되려면 구읍 출신이어야 한다. 그전에 신익희 씨도 그랬고, 지금 국회의원으로 있는 이용희 씨도 옥천군 이원면에서 출마했다가 몇 번 떨어지자 구읍으로 이사를 한 뒤 당선이 뒤 지금도 현역으로 있다.

또 그의 집에 가면 오른 쪽으로 연못과 연당사랑이 있다. 그 앞 조그만 연못에는 연꽃을 가꿔 아름다운 정취를 느끼게 했다. 그는 연당사랑 옆에 사람이 잘 수 있는 집을 지어놓고 사람들을 초청해 함께 놀며 풍류도 즐겼는데, 이 연당사랑에는 지금도 그의 호탕한 웃음소리가 들리는 듯하다.

인간은 누구나 태어나면 모두가 죽는다. 천석꾼이고 만석꾼이고 다 그렇다. 한번 왔다가 한 인생을 살고 가는 우리네 인생들.

누가 부자고 누가 가난한 것인가. 또 누가 행복하고 누가 불행한 것인가.

미국의 스티브 호킹 박사가 한 말이 떠오른다. "인간은 죽으면 모두가 그만 이예요. 영혼이 있어 행복한 천국, 또는 지독한 고문을 받는 지옥에 간다고요? 영혼은 없는 거예요. 이 세상을 마치면 인생은 진짜 끝나는 것이라고요."

2011. 3. 12

김 국장과 용각산

"김 국장에게 속은 거야, 용각산이 나를 속인 거야?"

종로경찰서에서 음주운전 테스트를 마치고 나오면서 바지 주머니에 꾸깃꾸깃하게 넣어져 있던 담뱃갑에서 꽁초를 끄집어내 입에 물면서 나는 독백처럼 뇌까렸다. 차가운 마른하늘에서 날벼락이 뇌리에 박히는 것 같았다. 마른 풀잎이 널부렁이 흩어진 황량한 벌판에 불길이 활활 타올라 온 몸을 바스러뜨리는 것 같았다.

뭔가 이상하게 느껴졌다. 마치 꿈인 것 같았다. 분명히 안 나와야 되는 그것에 걸린 것이다. 그러나 유행가 가사처럼 꿈이었다고 생각하기엔 너무나도 아쉬움이 남고, 가슴 태우며 애태우기엔 미련이 남는 그런 일이었다.

그날도 이 부장과 나는 광화문에 있는 중화요리 집에서 오향장육과 배갈을 시켜놓고, 그날 있었던 언론검열의 문제 때문에 서로 말다툼을 벌이고 있었다. 이 시대에 과연 기자를 할 필요가 있느냐, 시위하는 것을 보도도 못하는 데 무슨 기자냐는 등 이런저런 소리를 지껄여대며 술을 마셨다. 그 집의 오향장육은 맛이 있다고 이름이 나 있는 집이었다. 우리들은 한참 동안 그렇게 술을 마신 뒤 거나하게 취해 2차 술집을 어디로 가는가를 놓고 한바탕 말씨름을 하고 있었다.

"우리 노량진 본동에 있는 집으로 2차 하러 가요. 그 집 아가씨가 끝내준다니까요. 애교도 많고 말도 아주 재미있게 해요. 거기에다 더 기가 막힌 건 그 애 유방이 진짜 크다는 거예요. 양쪽 것을 두 손으로 몰아 쥐고 입에 넣으면 유두 두 개가 한입으로 쏙 들어오는 게 맛이 아주 그만이라니까요!"

물론, 부장을 꼬드기려는 나의 술수다. 부장도 끄덕였다. 우리는 그 중국집을 뒤로 하고 본동으로 가기 위해 내 차가 세워져 있는 정부종합청사 뒤에 있는 주차장으로 향했다. 그리고 차를 타고 당당하게 달렸다.

차가 떠난 지 얼마 되지 않아 세종로 네거리를 달릴 때였다. 내차 앞으로 버스가 지나갔다. 나도 그 뒤를 따라가기로 하였다. 그것이 실수였다. 앞의 신호등이 안 보였다. 네거리를 막 지나가고 있을 때 내 차 옆을 무엇이 와서 들이받았다.

"꽝"

한 쪽으로 몸이 거세게 휩쓸렸다. 우리들은 '어이쿠' 하며 손을 얼른 머리 쪽으로 가져갔다. 술을 어지간히 마신 나는 화가 나 차 밖으로 뛰쳐나가 나의 차를 들이받은 택시운전수와 한번 붙어

볼 요량으로 그와 마주쳤다. 그러나 그는 빙그레 웃으면서 나한테 오면서 한 번 힐끗 보더니 이렇게 말하는 것이었다.

“술을 많이 잡수셨군요.”

그러더니 자기 차로 가서 그냥 휑하니 떠나는 게 아닌가. 나는 화가 나서 투덜거렸다. 그때 저쪽에서 경찰이 우리에게 다가오고 있었다. 우리는 그 경찰에게 ‘이런 일이 어떻게 생길 수 있느냐.’고 투정을 부리며 하소연했다.

“아실만한 분들이 왜 이래요. 음주운전이에요. 지금부터 2시간을 줄 테니 그 동안 술을 깨고 오세요.”

우리는 멍하니 서 있었다. 차근차근 생각해 보았다. 뭐가 잘못된 것일까. 분명한 것은 우리가 술을 마셨다는 것, 택시와 부딪쳐 사고를 당했다는 것이었다. 우리는 그러면 무엇을 해야 할까를 돌아가지 않는 머리로 고민했다. 그것은 이 사태를 해결해야 한다는 것이다.

“부장님, 어떻게 해야 술이 깨죠? 뭐 좋은 방법이 없을까요?”

“글쎄, 그것이 무엇인지를 모르겠단 말이야. 가만히 있어봐라. 그런데 김국장이 말이야, 매일 아침 용각산 먹는 것을 봤어? 그 분은 매일 그렇게 술을 많이 잡수시잖아. 오후만 되면 멀쩡해진단 말이야. 용각산이 효과가 있는 게 아니겠어? 요즘 그런 얘기도 있잖아. 용각산을 먹으면 술이 깬다고 하는 것 한 기자는 얘기 못 들어 봤어?”

"아, 맞아요. 사람들이 용각산을 먹으면 술이 깬다고 그랬어요. 그리고 그것을 김국장이 잡수시는 것을 보면 틀림없는 것 같아요."

우리들은 곧바로 근처에 있는 약국으로 향했다. 갈수록 술은 거나하게 올라오고 있었다. 용각산을 달라고 했다. 그것도 가장 큰 것으로……. 그리고 그것을 퍼먹기 시작했다. 처음에는 잘 들어가던 그것은 반쯤 먹자 입으로 더 들어가지 않았다. 텁텁해서 더 이상 먹을 수가 없었던 것이다. 이것을 먹어야 음주운전에 걸리지 않는다는 일념에 죽어라하고 퍼먹었다.

우리는 단골로 다니던 맥주 집에 가서 아가씨들에게 술 깨는 방법을 물어보기도 하고, 그들만의 비법을 전수받는 등 술 깨기에 바빴다. 2시간이 지난 후 우리는 파출소에 들어가 우리가 왔다고 말을 한 뒤 당당히 음주측정을 해보자고 졸랐다.

"음주측정을 해 봅시다. 우리가 두 시간 동안 용각산도 먹고 주스도 마시고 했거든요? 자, 어서 해보자고요. 자신 있어요."

순경은 우리를 믿을 수 없다는 듯이 우리들을 물끄러미, 그리고 한심하게 쳐다본 후 진짜로 준비가 됐느냐고 다시 한 번 물었다. 우리들은 술김에 그랬는지 아니면 호기에 그랬는지 모르지만 정말로 자신 있다고 말했다.

우리는 음주측정을 하기 위해 경찰백차로 종로경찰서로 갔다. 경찰서라는 곳은 보기만 해도 기분 나쁜 건물이다. 딱딱하고 우중

충한 것이 싫었다. 나는 그곳에 온 것이 기분이 나빠 빨리하자고 졸랐다. 드디어 지하 1층에 도착했다. 거기서 경찰이 또 우리에게 마지막이라며 한마디 했다.

"이 기계는 한번 불면 그만이에요. 돌이킬 수 없어요. 지금이라도 다시 생각해 보시는 게 어때요?"

"우리가 용각산을 먹고 왔단 말예요. 음주운전 같은 것은 걱정도 안돼요."

나는 기계로 가서 입에 댄 뒤 경찰이 "좀 더 세게…… 좀 더 세게……."를 외쳐대자 그대로 따라 있는 힘껏 불어댔다. 그렇게 두 번을 불고나자 경찰이 기계를 보더니 이렇게 말하는 것이었다.

"기자님은 음주운전입니다. 그것도 당장 운전취소입니다."

나는 정신이 몽롱해졌다. 내가 그 동안에 했던 행동이 모두 헛것이란 말인가? 그러면 용각산은 어떻게 되는가?

경찰서를 나오는 나는 어깨가 움츠러든게 초라하게 느껴졌다. 바지 주머니를 뒤져 담배꽁초를 뒤져보니 구부러진 게 하나 손에 닿았다. 그것을 피워 물고 나는 종로경찰서 앞길에서 하늘을 향해 담배연기를 '푸…….'하고 내뱉었다.

나는 그 뒤 김 국장 사무실을 한 번도 쳐다보지 않았다. 그에게 용각산을 먹으면 술이 취하지 않는 거냐고 물어보지도 않았다.

2011. 1. 25

정지용은 지금도 살아있다

정지용(鄭芝溶)의 시에 등장할 듯한 거대한 서대산이 가슴에 다가올 듯 가까이 있다. 앞동산엔 소나무들이 울창하게 어울려 마음을 헤집어 놓는다. 내가 어릴 때 노루 한 마리가 사냥개에 쫓겨 우리 집 뒤에 있는 소나무 숲으로 달려오듯, 여기저기서 온 마을은 숨넘어가게 허덕인다. 올 여름은 그렇게 덥다. 고향이 충청도 옥천인 내가 정지용의 생가를 찾아간 건 한여름 정오가 조금 지난 삼복더위 중이었다.

밤에 홀로 유리를 닦는 것은
외로운 황홀한 심사이어니
고은 폐혈관이 찢어진 채로
아 아, 늬는 산새처럼 날아갔구나.

<「유리창Ⅱ」 중에서>

정지(부엌)와 아랫방과 윗방이 있는 본채가 있고, 농기계가 한두 개 있는 바깥채가 덩그러니 놓여있는 이곳이 민족시인 정지용이 태어난 충북 옥천의 생가다. 나무로 얼기설기 엮어 만든 사립짝이 보인다. 나는 그곳에 와 있다. 아주 자그마한 집 앞에는 물레방아가 돌아가고, 졸졸졸 자그마한 실개천이 지금도 옛이야기가 지줄대듯이 흘러간다.

아직도 생사가 불분명한 서정시인 정지용은 6·25 동란 때 북한군에게 끌려가다 미군의 폭격으로 사망했다는 것이 유일한 증언이다. 북한에 사는 그의 아들이 아무리 찾아봐도 생사를 확인할 수 없었다는 게 정지용 문학관을 맡은 김정길 노인의 말이다.

그는 옥천읍 하계리에서 1902년 부친 정태국과 모친 정미하의 장남으로 태어났다. 한약방을 하던 부친은 그를 12살 때 장가를 보냈는데, 정지용은 어릴 때부터 곱싸한 얼굴을 갖고 태어났다. 생가 옆, 정지용 문학관의 동상을 보면 척박한 옥천의 산골에서 어떻게 그렇게 빼어난 얼굴을 갖고 태어났는지 의아스럽기만 하다.

그는 휘문고보를 다닐 때부터 습작활동을 했으며, 1922년 '풍랑몽'을 쓰면서 시인의 길로 들어섰다. 일본 도시샤[同志社]대학 영문과를 졸업한 그는 모두 140여 편의 시를 남겼는데, 그 시의 내용은 삶의 역정과 밀접한 관계가 깊다.

1930년대 이후 정지용은 문학사적으로 아주 중요한 의미를 갖는다. 〈가톨릭 청년〉지의 편집고문으로 있을 때 이상(李箱)의 시를 잡지에 실어 등단시켰으며, 〈문장〉지를 통해 조지훈(趙芝薰), 박두진(朴斗鎭), 박목월(朴木月) 등의 청록파 시인들을 세상에 내놓았다.

그는 예리한 심상과 빼어난 감성을 보여준 시인이다. '시란 언어로 만들어진다.'라는 진리를 자각하고 실천한 첫 시인이란 평가다. 또 기교파 시인이다. 김기림은 "정지용은 최초의 모더니스트"라고 했다.

넓은 벌 동쪽 끝으로
옛이야기 지줄대는 실개천이 휘돌아 나가고
얼룩백이 황소가 헤설피 금빛 게으른 울음을 우는 곳
— 그곳이 참하 꿈엔들 잊힐리야……

<「향수」 중에서>

그가 어린 시절을 보낸 집을 시로 녹여내 쓴 고향 관련 작품들에 체험이 녹아 있음을 알 수 있다. 정지용은 자신의 부인을 "아무렇지도 않고 예쁠 것도 없는 사철 발 벗은 안해가 따가운 햇살을 등에 지고 이삭 줍는"이라고 표현한 것을 보면 잘 알 수 있다.

감정이 배제된 것은 고도의 절제가 아니라, 차라리 감정을 드러내는 것이 허락되지 않는 시대를 향한 짜증스런 반응이었다. 바다, 산, 신앙, 고향 따위는 그의 한 모습이고, 정지용 문학의 큰 흐름으로 보아도 무방할 듯하다.

그가 만든 시집으로는 '정지용 시집' '백록담' '지용시선'이 있고, 산문집으로는 '문학독본' '산문'이 있다. 절제된 감정과 사물에 대한 정확한 묘사와 섬세한 언어감각으로 빚은 시편들을 통해 그는 한국현대시의 성숙에 결정적인 기틀을 마련하였다.

그가 태어난 하계리는 광복절에 문세광이란 저격범에 의해 시해된 우리나라 세 번째 영부인인 육영수 여사의 생가와도 아주 가깝다. 양지회를 통해 봉사와 사랑의 실천에 매진했던 육여사는 지성과 미모를 겸비한 최고의 영부인으로 기억되고 있다. 그리고 그가 다녔던 죽향초등학교는 유명 인사들을 많이 배출했다.

옥천에는 이름 난 분들이 참 많다. 그의 집에서 얼마 떨어지지 않은 곳에 있는 이지당은 1550년경 세워져 조선중기의 성리학자 조헌 선생이 후학을 양성하던 곳이다. 각신당 마을 앞에 있어 각신서당이라고 불리었으나, 우암 송시열 선생이 "산이 높으면 우러러 보지 않을 수 없고, 큰 행실은 그칠 수 없다(高山仰止 景行行止)."라는 문구 끝의 '止'를 따서 이지당(二止堂)이라는 새 이름을 얻었다.

이곳은 내 친구 집 옆에 있기 때문에 어릴 때부터 이지당에서 생활할 정도로 아주 친근한 곳이다. 둥그렇게 시냇물이 흐르고 있어 밤에 보면 그곳은 마치 신선이 노니는 곳 같았다고 한다.

또한 국회의장을 지낸 정구영(鄭求映)씨도 옥천 출신이다. 그리고 옥천군 군서면 금산리에 있는 장령산은 서대산 줄기에 있어 푸른 숲과 맑은 계곡이 어우러진 왕관바위, 포옹바위, 병풍바위 등 기암괴석이 잘 어우러져 있는 자연 휴양림이다.

마을 탐방을 마친 뒤 옥천의 유명한 올갱이국 집에가 밥 한 사발에 국 한 대접을 맛있게 먹었다. 아욱국으로 만들었는데 시원하고 개운한 맛이 일품이었다. 정지용을 배출한 고향답게 음식점 벽에는 서예가 서희환 씨가 쓴 정지용의 향수가 걸려 있었다. 그리고 옥천 구읍에는 정지용과 연관된 이름도 많다. 정육점, 떡방앗간까지도 그의 시를 한 줄씩 붙어있고 향수상회까지 있다.

결코 호화스럽지 않은 옥천의 작은 길에 호박넝쿨이 담벼락에 널려 있다. 넓지 않은 마당과 아주 자그마한 집, 옥천 그곳에는 민족시인 정지용의 생가가 있다. 그리고 그의 생가 윗방에는 흐릿한 등잔불 밑에서 고민하고 있는 정지용 시인이 앉아 있다.

2011. 7. 24

전 병삼(全炳三)

sopyeong@hanmail.net

충북 음성 출생
중앙대(대학원) 국문과 졸업
〈지구문학〉 시 등단
〈수필문학〉 수필 등단
지구문학작가회의 이사
한국수필문학가협회 회원
수필문학추천작가회 회원
한국문인협회 회원

사육당하는 아이들

'금강산도 식후경(食後景)'이라선가? 뚱딴지같이 '무상급식(공짜 점심)'이 교육계는 물론, 정치판의 소모적 쟁점이 되어 앞으로도 꽤나 오랫동안 시끄러울 모양이다. 심지어 일부의 요란한 작태(作態)들은 아이들 보기에도 민망할 정도다.

처음에는 '눈칫밥 먹는 소외계층 아이들의 수치심을 없애 주기 위해서'라는 명분을 내세우고, 무상급식을 통해 저소득층 학생들에게도 충분한 영양을 공급해서 신체와 두뇌 발달을 도와줘야 한다더니, 이제는 부유층이나 빈곤층 아이를 구별하지 않고 중학생까지는 세금으로 똑같은 점심식사를 하도록 한단다. 아이들은 나라의 미래를 짊어질 소중한 보배, 그래서 그들에게 점심을 공짜로 먹이는 것을 교육과 복지의 최선책으로 여기는가 보다.

그에 대치(對峙)하는 견해들도 나름대로의 타당성이 있다. 국민소득 2만 달러 안팎으로, 고작 세계 50위권의 경제 규모에, 나랏빚만 자꾸 늘어 가는데, '뱁새가 황새를 따라가다가는 가랑이가 찢어지는 법'이라고 우려한다. 조급한 복지 정책은 자칫 국가 재정을 거덜 내고, 국민들의 국가 의존도만 높일 것이라고 예견한다. 그 경비로 화급한 교육 현안들을 해결해야 한다고도 주장하는가 하면, 집단 급식으로 인한 식품위생 문제를 걱정하기도 한다.

사실 나는, 학생들의 강제 급식 제도를 도입할 때부터 학생들이 밥값을 내고 먹는 것이 매식(買食)이지 어떻게 급식(給食)이냐고 못마땅하게 여겼었다. 고용 창출이나 경기 부양책이라고 짜낸 것이 고작 이 정도인가 회의하기도 했다. 부득이 도시락을 쌀 수 없는 학생이거나 희망자에 한해서 점심을 사먹을 수 있도록 배려해 주면 된다는 입장이었다. 맞벌이하는 부모들이 도시락을 챙기는 번거로움을 감안해서다. 가정 형편이 어려운 학생들에게는 적절한 방법으로 점심을 제공해 줄 수는 있다고 생각했다.

더군다나 '급식'이라는 말도 애당초 달갑지가 않았다. 초등학교를 다니던 60년대에 점심이랍시고 나눠주던, 희멀겋게 끓인 분유나 옥수수죽, 뻿뻿한 옥수수빵 들이 생각나서다. 그것들은 '미공법 480'인가에 의해 잉여농산물 수입 형태로 미국에서 들여온 구휼품(救恤品), 즉 구호물자(救護物資)였다. 나는 그 나마라도 더 얻어먹으려고 할끗거리던 친구들이 참으로 측은스러웠다.

나는 시대 변화에 까마득히 처져있다는 비아냥을 받더라도 아직은 도시락 옹호자이고 싶다. 자칫, 디지털 시대를 허우적대는 아날로그 세대의 착각이거나 부질없는 집착일 수도 있다. 그러나

밤늦도록 그놈의 공부에 시달리느라 아침도 제대로 못 먹고, 저녁마저 혼자 뒤져먹거나 김밥과 떡볶이로 뱃속을 채워야 하는 학생들이 점심 도시락이라도 먹으면서 부모님의 포근한 정성을 꿀꺽꿀꺽 삼켜주기 바라는 충정(衷情)을 어찌하랴.

그 어렵던 시절, 어머니께서 싸주시던 빛바랜 알루미늄 도시락이 새록새록 그립다. 집에서는 온 식구가 꽁보리밥만 먹더라도, 꾹꾹 눌러 담은 도시락엔 군데군데 하얀 쌀알이 눈에 띄었다. 어머니는 저녁마다 '내일 도시락 반찬은 뭐로 하지?'를 벼르셔도, 고작 김치, 콩자반, 무장아치, 멸치볶음일망정, 그 위엔 언제나 고소한 깨소금이 담뿍 뿌려져 있었다. 우리들이 말끔히 비워 버린 도시락을 닦으시던 어머니의 모습은 언제나 흐뭇해 보였다. 또한 반찬은 다들 먹잘 것 없어도 떠들썩하니 이것저것 나눠먹던 점심시간은 얼마나 흥겨웠던가?

대학을 다닐 때도 나는 고집스럽게 도시락을 싸가지고 다녔다. 시간이나 생활비를 다소 아껴보겠다는 생각이었으리라. 1학년 때는 외숙모님께서 챙겨 주셨으니 반찬도 매일 달랐지만, 2학년 때 후배와 자취(自炊)랍시고 할 적에는 아무거나 닥치는 대로 담아갈 수밖엔 없었다. 성공회 신학원에서 기숙하던 3, 4학년 때에도 식당 아주머니를 졸라서 가급적 도시락을 챙겼다. 도시락을 싸가지 않은 날엔 고작 라면 한 냄비와 막걸리 한 주전자가 나의 점심이었으니까. 그래서였나 보다. 나는 2학년 가을, 대학신문에 <책

처럼 꼭 가지고 다닐 도시락>이라는 캠페인 기사를 꾸며보기도 했다.

아내가 우리 아이들의 도시락을 정성껏 챙기는 모습도 나는 유심히 보아왔다. 퇴근하면서 사들고 오는 것은 도시락 반찬거리 중심이었고, 출근 준비에 분주한 중에도 집사람이 가장 오랫동안 주무르는 것이 도시락이었다. 건강에도 좋고 입맛에도 맞는 것을 장만하려는 어머니로서의 모습이 더 없이 고마웠다. 식구들끼리 먹는 반찬이 좀 소홀한 듯해도 나는 전혀 언짢아할 수가 없었다.

하지만 이제는 '도시락'이라는 고유어마저 사멸되어 버릴 상황이다. 학교 점심은 말할 것도 없고, 운동회를 해도, 소풍을 가도 학생들은 도시락을 준비하지 않아도 된다. 단돈 만원만 쥐어주면 만사가 해결인 걸. 참으로 편한 세상이 되었다. 그래도 나는 왠지 자꾸 아쉽다. 애들이 마치 소나 돼지, 닭이나 오리처럼 집단 사육(飼育)을 당하는 것 같기만 하다. 나랏돈으로 실컷 먹여 줄 테니, 키나 쑥쑥 커대고 살만 피둥피둥 찌라는 건가? 그저 열량과 영양분만 섭취하면 된다는 식이다. 개개인의 구미도 식성도 전혀 고려하지 않는다. 소화가 되든 말든, 입맛이야 있든 없든 일일이 상관할 수도 없다. 혈세로 먹여주는 귀한 식사인지라, 배가 아프다고 굶을 자유는 있는지 모르겠다. 지금도 자기돈 내고 먹는 음식이 시답잖다고 거침없이 잔반통에 쏟아버리고선, 빵이나 과자 부스러기들로 배를 채우는 학생들이 부지기수란다.

세상이 아무리 바뀌었어도, 아이들은 부모님의 정을 먹고 자라야 한다. 사랑을 마시고 살아야 한다. 그래야 그들에게서도 정이 배어나고 사랑이 샘솟는다. 사회복지도 좋고 신체건강도 중요하다. 그러나 교육 정책을 입안하고 집행하는 자들은 아이들에게 정말로 필요한 것이 무엇이고, 어떻게 하는 것이 진정한 사랑인지를 냉철히 판단해야 한다. 아이들이 살아야 하는 앞날을 제대로 내다보라. 한번 그릇된 시책을 바로잡으려면 끔찍한 대가를 치러야 한다는 사실도 명심해야 할 것이다.

학교에서 강제 매식을 시작하기 한 해 전쯤이었다. 졸업 시즌이 끝나고, 나는 어느 학부모의 저녁 초대를 받았었다. 큰아들은 서울대 법학과엘 다니고, 사회계열에 합격한 둘째가 우리 반 학생이었다. 그들과 두어 시간 쯤이나 함께하다가 자리를 일어서려는데, 갑자기 어머니가 손수건을 꺼내서 눈가를 훔치는 것이 아닌가. 나는 왜 그러시냐는 당혹스런 눈빛을 보낼 수밖에 없었다.

"선생님, 전 이제부터 뭘 하면서 지내야 하지요? 지금까지 십여 년 동안을 애들 도시락 싸는 재미로 힘든 줄도 모르고 살아왔는데, 이젠 도시락 반찬 걱정할 일마저도 없어져 버렸네요."

어머니의 양편에 잠자코 앉아 있던 두 아들의 눈시울이 불그스레 젖어가는 모습이 더없이 대견스럽고, 또한 부러웠다. 도시락은 그 동안 어머니와 두 아들들을 연결해 주던 질기디 질긴 사랑의 탯줄이었던 것을…….

새우젓독 온수항아리

어느덧 밤공기가 서늘해지니, 찬바람을 가릴 옷가지마저도 변변찮아 추위에 파랗게 떨던 두메산골의 어린 시절이 스멀스멀 시려온다. 6·25 난리 통의 폭격 때문인지, 산에는 땔나무마저도 없었다. 친구들과 눈을 헤치고 생나무를 베러 갔다가 산감(山監)에게 들켜서 도끼도, 톱도, 지게마저 뺏기고 흠씬 두들겨 맞은 아픔도 새삼스레 저리다.

볏짚이나 고춧대, 고작해야 삭정이가지로 밥을 짓는 동안에 온돌을 덥히는 것이 난방의 고작이었다. 할아버지께서 지내시는 사랑방은 아침, 저녁 쇠죽을 쑤는 왕겨불로 난방을 대신해야 했다. 날씨가 호되게 추울 양이면 가마솥에 물을 붓고 군불을 지피기도 했으나, 이는 여간 성가신 일이 아니었다. 우리들은 싸늘한 외풍(外風)에 두툼한 이불을 머리까지 덮어쓴 채로 선잠을 뒤척여야 했고, 아침마다 고양이세수도 감지덕지(感之德之)였다.

할아버지께서 돌아가시고 내가 중학교에 입학하게 되자, 우리는 청주로 이사를 했다. 그때부터 취사나 난방의 열원(熱源)이 연탄으로 바뀌게 되었다. 연탄불로 밥도 하고 24시간 방구들을 뜨끈뜨끈 달궜다. 연탄아궁이에 얹혀 있던 양은솥단지에는 늘 더운 물이 그득함으로도 도회지 생활의 획기적인 변화를 실감했다.

연탄아궁이는 부뚜막식과 함실(레일)식의 두 종류가 있었다. 대부분의 가정에서 활용한 것은, 연탄아궁이를 덮씌우는 뚜껑이 두꺼비처럼 생겨 두꺼비집식이라고도 부르던 부뚜막식이다. 그 방식은 취사와 난방을 겸할 수가 있으면서도 연탄을 얼마간 절약할 수가 있었다. 함실식은 솥을 건 아궁이의 뒷벽인 부넘기가 없이 연탄 화덕을 방바닥 깊숙이까지 밀어 넣어 구들장을 직접 달구기 때문에 난방 효과는 훨씬 나은 편이었다. 그렇지만 취사를 위해서는 부엌 바닥에 잔뜩 엎드려서 긴 쇠꼬챙이로 화덕을 끌어내는 수고를 해야 했다. 또한 연탄이 빨리 타 버리는가 하면, 갈라진 방바닥으로 가스가 스밀 위험이 있어 사람들은 그리 탐탁스러워하지 않았다.

일곱 식구가 단칸방 셋방살이로 전전했던 2년 동안은 거의가 부뚜막식 연탄아궁이였던 것 같다. 내가 중학교 3학년이 돼서야 부모님께서는 시골의 논마지기를 팔아서 변두리에 가게가 딸린 제법 널찍한 집을 장만했다. 우리는 미곡상 허가를 내서 곡물은 물론, 식료품과 연탄 장사까지를 겸했다. 그 때부터 안방에는 부뚜막식과 함실식 아궁이를 모두 설치하고, 나머지 방들은 함실식으로 만들어서 난방을 위주로 했다. 겨우내 집안 가득 온기가 돌았고, 가게에 붙어 있는 안방엔 언제나 손님들로 붐볐다.

고등학교 1학년 늦가을, 어느 일요일로 기억된다. 어머니께서 아침식사 중에 '오늘은 아무데도 가지 말고 일 좀 하자.'는 것이었다. 겨울을 좀 더 따뜻하게 보낼 궁리를 해보자는 말씀이시다. 나는 별로 내키지 않았으나, 어머니께서 원하시는 대로 시멘트 부뚜막을 망치로 대충 부숴냈다. 그랬더니 다음으로는, 뭘 하시려는지 부뚜막식과 함실식 아궁이 사이에 구덩이를 아궁이 깊이까지 파내라시면서 부엌을 나가셨다. 궁금하긴 하면서도 나는 어머니가 지적해 주신 곳의 부뚜막 흙을 퍼냈다. 잠시 후에 어머니께서는 꽤 묵직한 항아리를 안고 들어오셨다. 새우젓을 담았던 옹기 독이었다. 새우젓 독은 여느 항아리들과는 달리, 위와 아래의 지름이 비슷한 형태라서 금방 알 수 있었다.

어머니께서는 김장철이 되면 새우젓을 독채로 샀다. 우선은 새우젓의 상당량을 김장 맛깔을 돋우는 양념으로 썼다. 당시에는 어느 가정이나 배추 100포기 정도는 가을 김장의 기본이었으니, 젓갈도 꽤나 많이 들어갔으리라. 나머지 새우젓은 일 년 내내 우리들의 건건이가 되었다. 변변한 찬거리를 장만하기 힘들던 시절, 살이 통통 오른 새우젓에다가 마늘, 파, 깨소금, 고춧가루에 참기름을 살짝 둘러 무친 밑반찬은 가족들의 입맛을 돌게 했다. 도시락 반찬으로도 전혀 부끄러울 게 없었다.

장독 뒤켠엔 서너 개의 빈 새우젓독이 줄지어 있었는데, 그 하나를 부뚜막에 묻으려는 것이었다. 그제야 언뜻 어머니의 기막힌 아이디어에 탄성이 튀어나왔다. 그렇다, 양쪽 아궁이 옆에 새우젓독을 묻어 놓고 물을 채우면 자연히 물이 더워지게 된다. 게다가 연탄불에 펄펄 끓는 양은솥의 물을 수시로 그리로 옮겨 담는다면 식지도 않을 것이다. 그러면 구태여 물을 데우려고 애를 쓰지 않아도 아무 때나 따끈따끈한 물을 마음껏 쓸 수 있다는 얘기다. 그런 기발한 생각을 어떻게 해내셨을까, 학교 문턱도 넘어보지 않으신 분이 열의 전도와 보존 현상을 어찌 아셨단 말인가? 옹기항아리가 제독(除毒)이나 정화 작용을 한다는 사실도 헤아리셨을까? 바로 그것이 진정한 삶의 지혜였다. 아니다, 아니다. 오직 어머니의 가족에 대한 더없이 따뜻한 사랑이었다.

나는 비로소 정신을 제대로 가다듬고 독을 벽에 바짝 붙여서 묻은 다음에, 흙과 시멘트로 정성껏 새 부뚜막을 꾸몄다. 어머니께서 흡족히 여기실 수 있게끔 반질반질 다듬고 또 다듬었다. 그로부터 안방은 더욱 뜨뜻해졌고, 부엌의 '새우젓 독 온수항아리'에는 항상 어머니의 따사로운 보살핌이 찰랑찰랑 고여 있었다.

근대화, 산업화 과정은 주거생활에도 현격한 변화를 가져왔다. 매서운 추위가 지속되는 겨울에 절감할 수 있는 것은 무엇보다도 보일러식 난방 방식과 함께, 뜨거운 물을 언제나 쓰는 편리함이다. 스위치만 누르면 순식간에 온 실내가 훈훈해진다. 수도꼭지만 틀면 뜨거운 물이 펑펑 쏟아진다. 한겨울에 반소매 옷만 입고 거들먹대는 부류들마저 생겨났다. 그래도 웬만한 서민 가정에서 마구잡이로 실내 온도를 높이거나 더운 물을 거침없이 써댈 수는 없다. 스위치를 한번 올려도, 수도꼭지를 잠깐만 건드려도 곧 가스료, 전기료의 지출 아닌가.

그렇지만 우리는 이미 수십 년 전에, 그렇게 온수독을 묻은 이후, '새마을 보일러'를 놓기 전까지, 돈 한 푼 들이지 않고서도 뜨거운 물을 마냥 써댔던 것이다. 맵찬 추위에도 온 식구가 언제든지 간이목욕 흉내는 낼 수 있었으니까. 그 뿐만이 아니다. 가게에 드나드는 동네 아주머니들은 한결같이 어머니의 지혜에 탄복을 하고, 너도나도, 집집마다 연탄아궁이 개량을 서둘렀으니, 우스갯말로 마땅히 <실용신안특허>라도 한번 내봄 직했다.

오호 애재라, 검둥이여

이런저런 이유로, 학교생활에 적응하지 못하고 힘들게 보낸 대학 1학년이었다. 그러기에 겨울방학을 하자마자 청주엘 내려가서 가족들과 함께 지냈다. 어느 날, 친구들과 거리를 휘젓고 있는데 우연히 교련 선생님(교관)과 마주쳤다. 헌병 대위 출신답게 겉으로는 깔끔하고 엄격하셨지만, 유머도 풍부하고 다정다감하셨던 분이다. 교무실을 자주 들락거리던 나에게 각별히 관심을 가져주셨기에 나는 친구들을 제치고 나아가 인사를 드렸다.

선생님께서는 그렇잖아도 내 행방을 수소문하던 중이라면서 매우 반가워하셨다. 1년 후배인 당신의 아드님이 우리 대학 신문방송학과에 합격했는데, 서울에서 생활할 일이 막막하단다. 내가 어떻게 해결해 줄 수 없겠느냐는 말씀이셨다. 난감한 일이었지만 나는 모질게 잘라 말씀 드리기가 어려웠다. 생각은 해 보겠노라고 얼버무려도 선생님은 굳이 나만 믿으신다는 것이었다.

나는, 그 당시에는 허허벌판이었던, 사당동에서 잡화 가게를 운영하시는 외삼촌댁에 신세를 지고 있었다. 두 외사촌 동생들과 한방 생활을 했다. 고작 쌀값이나 보태드리는 정도였지만, 나 혼자라면 4년 동안을 무난히 외삼촌댁 식구로 지낼 수는 있었다. 그런데 이를 어쩐담. 나는 서둘러서 외삼촌댁으로 올라왔다. 외삼촌께 자초지종을 말씀드리고 신학기부터는 후배와 자취를 해볼 계획이니, 주변에 허름한 방을 하나 물색해 달라고 했다. 외삼촌께서는 그건 당신의 도리가 아니라며 펄쩍 뛰셨다. 정 불편하면 방을 들여 줄 테니 거기서 지내보라는 것이었다. 그리곤 본채에 잇대어 통블록과 베니어판 등으로 방 한 칸과 부엌을 꾸며 주셨다. 그리하여 나와 후배의 어설픈 자취 생활은 시작되었다.

이쯤해서, 그 동안 미뤄뒀던, 내가 개를 키우지 않는 두 번째 사연을 밝혀야겠다.

4월 중순쯤, 어느 일요일이었다. 이웃에 사는 외삼촌 친구 분이 까맣고 토실토실한 강아지 두 마리를 가져 오셨다. 개가 새끼를 다섯 마리나 낳았는데, 모두 기르기는 번거롭다는 것이었다. ― 당연히 그랬다. 개는 의당히 사람들이 먹다가 남긴 음식 찌꺼기나 먹여서 키우는 게 고작이었으니까. ― 이를 본 후배가 반색을 했다. 자기는 개를 몹시 좋아하니, 한 마리만 키우면 안 되겠느냐는 요구였다. 외숙모님은 좀 더 똘방똘방해 보이는 놈을 우리에게 주셨다. 고등학교 때 학교까지 따라오는 쫑을 구박해서 가출시킨 전과가 있는 나는 개를 기르는 일이 별로 탐탁지 않았다.[쫑은 지금 어디에 ; 수필문학 추천작가회선집 제19호] 게다가 쌀이 얼마나 귀한데, 족보도 없는 똥강아지 밥까지 보태야 하다니…….

2학년 때의 학교생활은 분주해졌다. 시국은 어지러운 데 친구들과 어울리랴, 문학 동인들과 몰려다니랴, 무엇보다도 본격적으로 대학신문 기자 노릇을 한답시고 우쭐대기도 해야 했다. 외삼촌 가족들 얼굴 보기도 어렵거늘 그까짓 볼품없는 강아지야 안중엔들 있었으랴. 검둥이도 그러는 나에겐 별 관심을 주지 않는 듯했다. 나는 후배마저 대학신문 기자로 끌어들였다. 2학기부터는 후배의 귀가 시간도 늦어졌다. 집에서 저녁을 제대로 해먹는 날도 드물었다. 개밥으로 남길 음식물인들 변변히 있을 리가 없었다. 어느 날 보니, 검둥이가 몹시 수척해 보였다. 나는 키가 크려는가 보다 하고 대수롭잖게 여겼다. 가게를 지키고 있는 외삼촌네 강아지는 갈수록 피둥피둥해지는 것은 간과한 채로.

우리들의 생활은 날이 갈수록 불규칙해지고, 강아지에 대한 애정도 차츰 식어가는 중에, 동기생인 신문사 사진기자가 놀러 왔다. 밤새 막걸리를 마시고 다음날 아침까지 함께 뒹굴었다. 느지막이 아침을 먹고 난 후에, 우리는 부엌문 밖에서 설거지를 했다. 그때 강아지가 비실비실 기어왔다. 밥솥을 닦던 후배가 화들짝 놀랐다. 개밥을 언제 주었는지 모르겠단다. 강아지는 바싹 마른 모습으로 제 주인에게로 다가갔다. 마치 한여름 소낙비를 함빡 맞은 들쥐새끼 꼴이었다. 나는 그 애처로운 모습을 물끄러미 쳐다

볼 뿐이었다. 그 정경을 친구가 찰칵 카메라에 담았다.(그 흑백사진이 지금도 대학 시절 사진첩 한 모퉁이에 꽂혀 있다.)

한동안, 후배는 정신을 차려서 개를 보살피는 듯했다. 그리고 달포 쯤 더 지났을까? 결국 일이 벌어졌다. 또 휴교령이 내려서 망연자실한 채로 아침밥도 안 먹고 이불 속에서 꾸물대고 있는데, 나를 원망하는 듯한 후배의 목소리가 어렴풋이 들려 왔다. 개가 아무래도 이상하단다. 나는 그를 따라 밖으로 나왔다. 외삼촌께서 담장에 딸린 개집을 들여다보고 계셨다. 왜 저렇게까지 만들어 놨느냐면서 우리를 몹시 나무라시는 것이었다. 나는 가엾다는 생각이 들면서도 괜히 부아가 났다. '조 개놈 때문에 애먼 꾸중을 듣다니……, 어디 내가 개새끼를 기르나 봐라.'

초겨울의 을씨년스런 공기가 숭숭한 바람벽으로 사정없이 스며들던 날, 결국 검둥이는 이 세상과 결별을 했다. 점심나절에 공교롭게 남현동에서 혼자 자취를 하는 신문방송학과 후배 기자가 소주병을 차고 덜렁덜렁 찾아왔다. 후배들은 끝내 숨을 거둔 검둥이를 신문지로 여러 겹 정성껏 쌌다. 우리는 삽 한 자루를 들고서 총신대학교 담을 끼고 산등성이로 올라갔다. 소주를 서너 병이나 마신 후배들은 울먹거리는 시늉까지 하며, 고등학교 때 달달 외웠던 '조침문(弔針文)'을 패러디해서 조견문(弔犬文)으로 쫑얼댔것다.

"…… 안타깝도다 검둥이여, 온 집안을 둘러봐도 살래살래 꼬리치던 네 모습은 보이질 않는구나. 오호통재라. 내 삼가지 못한 탓이로다. 무죄한 너를 굶겨 죽였으니, 누구를 한(恨)하며 누구를 원(怨)하리요. 새까만 모습은 눈 속에 삼삼하고, 낭랑한 폐음(吠音)은 귓속에 쟁쟁하도다. 네 비록 하찮은 짐승이나 무심치 아니하면, 후세에 다시 만나 평생 동거지정을 다시 이어, 백년고락(百年苦樂)과 일시생사(一時生死)를 함께 하길 바라노라."

쫑은 모진 학대로 집을 나가 버린데다가, 어린 검둥이는 무관심과 소홀로 서먹한 인연을 맺은 지 고작 반 년 만에 아까운 목숨을 잃었다. 그것들이 비정한 나를 얼마나 원망했을꼬?

어느 결에 세태는 180도 달라졌다. 우리나라도 애완견 300만 마리 시대! 각박한 현실 속에서 외로움을 느끼는 사람이 애완동물들과 더불어 생활하면 정서적으로 안정이 되어 고립감이나 불안감을 떨쳐버릴 수가 있다고는 한다. 아니면 인간들의 불신과 비정함에서 비롯된 당연한 현상일까? 예전에는 귀여운 자녀들을 강아지에 견주어서 어르더니만, 이제는 개새끼들을 마치 친구, 동생, 심지어 아들이나 딸로 착각하니 말이다. 족보 화려한 화초견은 물론, 볼썽사나운 잡종견마저 한 가족인 양, 주인의 사랑을 독차지하고 있다. 다이어트를 해야 할 만큼 개의 먹을거리가 차고 넘친다. 개의 사육과 관련된 직업이나 산업은 날이 갈수록 호황을 누린다고 한다. 개 팔자야말로 진짜 늘어진 상팔자다. 세상이 온통 개판이로다.

이삼헌(李三憲)

diya3@hanmail.net

- 할머님이 늘 계신 장독대
- 유해납치(有害拉致)하는 아바이 할머니
- 잃어버린 왕국을 찾아서

경향신문 신춘문예(시 부문) '아직도 거기서'로 등단(1962)
「한국문인」 신인상 수필 부문등단(2004)
한국문인협회, 한국수필가협회,
한국기독시인협회, 국제펜클럽회원(시),
한국수필문학회, 한국현대시인협회 회원

할머님이 늘 계신 장독대

내가 태어나서 자란 생가에는 지금도 옛 모습 그대로의 장독대가 있다. 나를 낳아 주시고 키워 주신 부모님도 이미 하늘나라로 가셨고, 함께 자란 형제자매들도 뿔뿔이 흩어져 살지만, 장독대는 변함이 없다. 지금은 둘째형님 내외분이 생가를 지키고 있다. 그간 새마을 운동 등으로 초가지붕은 기와집으로 흙벽돌 벽은 시멘트 벽으로 바뀌고 온돌 대신에 보일러로 교체됐지만, 안방 장지문을 열면 울타리 밑에 고즈넉이 놓여 있는 장독대는 옛 모습 그대로다. 근대화 바람의 격랑 속에서 옛 모습을 용케도 간직하고 있는 장독대를 보면 신기할 정도다.

대략 40cm 정도의 높이에 폭 1m, 길이 3m 정도의 황토 흙으로 다져진 장독대 위에는 자갈들이 깔려져 있고, 그 위에는 간장, 된장, 고추장 독이 키 재기 하듯 줄지어 있고, 한 쪽에는 빈 시루가 엎어져 있다. 그리고 또 한 쪽으로는 볏짚 갓을 쓴 터주가리가 앉아 있고 터주가리 옆에는 정화수를 받쳐 놓는 넙죽한 하얀 돌이 놓여 있다. 또, 한 쪽으로는 마른 해바라기대가 고개를 숙인 채 을씨년스럽게 서 있고 그 옆으로는 장독대를 경계 지은 야트막한 돌무더기 주변에 홍매화 나무와 말라비틀어진 달리아, 함박꽃 봉선화 꽃대들이 줄지어 자리하고 있다.

우선 간장, 된장, 고추장 독이 마치 서열을 맞춰 서 있는 것처럼 큰 독부터 작은 독으로 옹기종기 앉아 있는 모습은 언제 봐도 앙증스럽다. 까만색의 항아리, 그것은 할머니께서 간수하시던 그때부터 변함이 없다. 간장독인 큰항아리는 까맣고 두 번째의 된장 항아리는 약간 흰색이지만 윤기가 나고, 세 번째의 고추장 항아리는 약간 흰색을 띠고 있지만 윤기 없이 투박하다. 그렇지만 왠지 정이 가고, 그 색깔마저도 변함없는 것에 나는 늘 놀랄 뿐이다. 6·25전쟁의 지독한 배고픔 속에서도 된장 항아리 속에 묻혀 있던 무장아찌는 내 도시락 반찬으로 허기를 채워 주었고 볶은 소금과 함께 간장독에서 퍼낸 간장 또한 빼놓을 수 없는 반찬이었다. 가뭄이 극심했던 그 해에는 소금과 함께 간장만이 유일하게 상 위에 오른 적도 있었다. 또한, 빨간 고추장을 보리밥에 쓱쓱 비벼 먹으면 다른 찬이 없어도 맛이 있었다. 장독대는 우리 한민족의 발효식품의 원천인 간장, 된장, 고추장을 저장해 두는 천연 저장고이다.

햇빛이 좋고 바람이 알맞게 부는 날에는 우리 집 식구의 먹을거리를 책임지신 할머님이 장독의 뚜껑을 열어 해바라기를 시키고,

어떤 때는 뚜껑을 덮어둔 채 눈비를 맞게 하여 발효하는 장맛을 조절했던 것이다. 할머님의 손끝으로 이어져 온 장맛은 다시 어머님에게, 그리고 둘째 형수님에게 이어져 오는 것이다.

언뜻 보면 장은 저절로 발효되는 것 같지만 바람과 햇빛과 공기와 온도 조절과 이를 간수하는 주인의 손끝에서 천차만별의 맛을 내는 것이다. 그래서 집집마다 장맛도 다르다.

짚으로 얽어 엮은 빗물받이 갓을 쓰고 초라하게 서 있는 터주가리에는 우리 집의 길흉화복을 다스리는 조왕신이 모셔져 있다. 작은 항아리에 볍씨를 담아 신체(神體)로 삼는 터주가리는 행색은 비록 보잘것없지만, 우리 집을 지키는 수호신을 그 안에 모시고 있다. 일찍이 할머님께서는 새벽이면 마을 앞 우물에서 길어온 정화수 한 그릇을 터주가리 옆의 돌 위에 놓고 군대 간 큰손자가 전쟁터에서 무사히 살아 돌아오게 해 달라고 빌었고, 우리들이 돌림병에라도 걸리면 의원이나 병원에 가기 전 우선 정화수를 떠 놓고 비셨다. 얼어붙은 새벽 공기를 가르고 터주가리 앞에서 손바닥을 비비시며 간절하게 간구하는 할머님의 기도는 성자의 모습 그것이었다. 거기에는 미신으로만 치부할 수 없는 경건함이 배어 있었다. 터주가리 앞에서의 할머님의 간절한 간구는 마침내 우리 집 울안에 자손의 길흉화복을 다스리는 기(氣)를 가득 채워 주셨다. 그래서 지금도 장독대 근처에 가면 할머님의 성스러운 모습을 만나게 된다.

장독대는 우리들이 숨바꼭질 하다 숨기에 적당한 곳이기도 했다. 큰독 뒤에 숨으면 술래 눈에 잘 띄지 않을 뿐만 아니라 빈 시루를 덮어 쓰고 숨기도 했다. 그러다가 할머님 눈에 띄면 우리들은 크게 꾸지람을 들었다. 나는 성인인 돼서야 할머님께서 빈 시루를 덮어 쓰는 것을 왜 그렇게 싫어 하셨는지를 알게 되었다. 물론, 할머니는 술래놀이를 하다 시루가 깨질까 염려스러워 야단을 치신 것이다. 그보다는 옛날 우리 선대들은 임진왜란이나 병자호란 같은 큰 난리가 있을 때마다 피난을 떠나는데 갓난쟁이 어린 것을 데리고 가는 것은 버겁고, 더구나 갓난아이가 병이라도 걸렸을 때는 달리 방법이 없어 시루에 덮어둔 채 황급히 떠났던 것이다. 시루로 덮어두면 아기는 바로 죽지는 않고 어느 기간 살아 있다가 운 좋게 누가 와서 도움을 주면 살게 될지도 모른다는 옛 어머님들의 눈물겨운 마지막 바람이 담겨 있었던 것이다. 외침을 많이 받은 이 땅의 어머니들이 터득한 처절한 휴머니즘! 그래서 할머님은 우리들이 시루 안에 숨는 술래놀이를 보면 질색을 하셨다.

우리 집의 봄은 장독대서부터 왔다. 먼 산의 잔설이 녹아내리고 울타리 밑으로 아지랑이 피어오르면 터주가리 옆의 홍매화가 빨간 망울을 터뜨리고 뒷산 푸른 소나무들은 아산만 바닷바람에 질세라 쏴쏴 밀물소리를 낸다. 며칠이 지나면 할머님이 떠다 논 하얀 정화수 그릇 안으로 빨간 홍매화꽃잎이 뜬다.

뜨거운 햇빛이 쏟아지는 한여름에는 어디서 왔는지 불청객인 이름 모를 잡초들이 무성하지만 처마 위로 치솟는 해바라기 꽃에 넋을 잃는다.

달리아도 시들고 해바라기의 긴 목도 힘없이 꺾여 버리면 장독대 위로는 가을 햇살이 따갑다. 여름내 무성해진 잡초를 뽑아 장독대 위가 말끔해지면 무슨 미련이 있는지 누런 감나무 잎사귀도 날아와 앉는다. 장독대에 찾아온 이 가을의 마지막 손님인지도 모른다.

내가 태어나서 자란 생가에 가면 옛 모습 그대로의 장독대가 나를 반긴다. 그곳에는 할머님이 옛날에 떠다놓은 정화수 한 그릇이 아직도 그 자리에 놓여있고, 올망졸망 서있는 간장, 된장, 고추장 독 말고도 우리 어머님들의 한을 담은 빈 시루가 엎어져 있다.

유해납치(有害拉致)하는 아바이 할머니

'어 有害拉致! 저건 상해 여행 때 본 문구인데….' 나는 '有害拉致'라고 큼직하게 빨간 글씨로 쓴 하얀 플라스틱판을 짊어지고 가는 할머니 뒤를 쫓았다. 할머니는 계곡 따라 오르는 산길에서 무엇인가를 연신 집게로 집어서, 등에 걸머진 대나무로 엮은 걸망에 담고 있었다. 계곡 길 이곳 저것에 버려진 쓰레기를 주워 담는 것이었다.

몇 년 전 상해여행 중 주택가 이곳저곳에 설치된 쓰레기통에 붙은 '有害拉致'란 팻말을 보고 중국인들의 익살스러운 지혜에 감탄한 적이 있다. 쓰레기는 유해한 물건이니 납치해서(주워서) 쓰레기통에 버리라는 뜻이라고 해석하며 우리 일행은 크게 웃은 적이 있다. 그런데 북한산 도선사 오르는 골짜기에서 '有害拉致'를 만난 것이다.

머리가 신선처럼 하얗게 쇤 80대의 할머니, 그날 북한산 오르는 골짜기에 칼바람이 내려꽂히고 있었다. 그런데 그 할머니는 어떤 의식을 수행하는 사람처럼 진지한 모습으로 쓰레기를 주워 걸망에 담는 것이었다. 처음에는 그 표정이 너무나 진지해서 말

걸기조차 조심스러웠다.

나와 할머니와의 인연은 이렇게 시작되었다. 매주 일요일 이른 새벽이면 예외 없이 우이동 종점, 도선사 오르는 계곡에서 이 할머니를 만날 수 있었다.

'할머니 뭘 잡으세요!'

'아따 보므 모르나. 공산당아 잡는다. 공산당 잡아내야 됨세. 서울 시내 고정간첩이 2백 명이 넘는다네. 매일 밤 북으로 보내는 단파 무전을 잡아보면 2백 개가 넘는다고 한다. 고정간첩이 2백 명이라는 얘기지. 이거 잡아내지 않으므 대한민국이스리 망한다.'

'할머니두 이건 쓰레기잖아요? 쓰레기 잡는 다구 간첩이 잡히나요?'

'공산당 그냥 잡히나, 우선 우리 마음으 다잡아야지. 쓰레기 잡으며 공산당 잡는 훈련하는 거다. 내겐 너무 늙어서 공산당 잡을 힘이 없음메. 이 산 속 곳곳에 널려 있는 쓰레기를 김정일이 잡듯 잡아내면 산과 물이 맑아지고 간첩들도 발붙일 수 없게 되겠지비. 그래서 쓰레기 잡는 거라. 내 말 알아들었음 둥.'

나는 처음 이 할머님과 처음 마주쳤을 때 정신이상자이거나 일찍이 공산당으로부터 큰 피해를 입어 정상적인 삶을 누릴 수 없는 분으로 생각했다. 그러나 할머니는 극히 정상적인 생활을 하는 분이었다. 현재는 인근 요양 시설에서 살고 있는데 나이는 84세, 5년 전까지만 해도 남대문시장에서 좌판을 벌리고 생선을 파는 유명한 아바이 할머니였다는 것을 알게 되었다. 함경도 할머니라고 해서 아바이 할머니가 되었다. 지금도 할머니에게서는 알아듣기 힘든 함경도 사투리가 간간 섞여 나온다.

1.4 후퇴 때 흥남부두에서 백일이 갓 지난 막내아들만 들쳐 업고 허둥지둥 배에 오른 할머니는 파란만장한 삶을 이어왔다. 며칠 내 다시 고향땅에 돌아 갈 것이라 생각한 그날의 피란길은 50년으로 이어졌다. 그 막내아들마저 채 다섯 살이 되기 전 영양실조로 잃어버리고 할머니는 혈혈단신이 되었다.

남대문 시장 바닥에서 땅에 떨어진 시래기를 주어 연명하면서 할머니는 억척같이 돈을 모았다. 노점에 좌판 대를 마련하고 시장 안에 조그만 생선 가게까지 마련했다.

'안 해 본 일 없다. 도둑질과 몸 파는 일 말고는 다 해 봤지비. 상이군인들한테도 참 많이 괄시받았지. 가게 앞을 무단 점유한다고 곡괭이자루를 마구 휘두르는기라. 그러면서도 억척으로 돈 모았지. 왠지 아나 돈을 벌어 고향에 가기 위해서였지. 가서 꼭 해야될 일이 있는기라. 흥남부두로 오기 전날 공산당 그 아놈들이 즈그 애비와 큰놈을 우물에 처박아 죽였는데 돌아가서 시신을 못 찾으므 혼백이라도 건져서 뒷동산에 묻어줘야 하는 것임매. 이게 내가 할 일이지. 통일이 되므 꼭 돌아가서 즈그 애비 혼백을 찾을 것임매….'

몇 차례 할머니를 만나는 동안 돈을 버너라고 시장에서 고생한 얘기, 남편과 큰 아들이 피난길에 오르기 전 동리 빨갱이들에게

학살당한 얘기를 자주 들었다. 그러나 그 이상에 대해서는 입을 다물었다. 함흥에서 어떻게 살았는지, 그리고 바닥 빨갱이(토박이 공산주의자)들이 남편과 큰아들을 왜 학살했는지에 대해서도 일체 함구하는 것이었다. 주변의 할머니들로부터 들은 얘기로는 해방이 되기 전까지 아바이 할머니는 명망 있고 경제적으로도 부족함이 없는 가정에서 풍족한 생활을 했으며, 함흥고녀를 졸업한 유식한 할머니라는 것까지 알았다.

그 이상 무엇인가를 물어볼려치면 "일장춘몽이라, 일장춘몽 할 말이 없음 둥." 하고 입을 다물었다. 얼마 지나지 않아 요양원으로 현직 판사로 계신분이 이 할머니를 자주 면회 온다는 사실을 요양원 관계자를 통해 알게 되었다. 현직 판사 되시는 분은 아바이 할머니를 어머니라고 부르는데, 친아들은 아니라고 요양원 관계자가 설명했다. 요양원 관계자로부터 들은 얘기로는 남대문 시장에서 구걸하며 떠도는 아이를 거둬 판사로까지 키웠다고 한다. 현직 판사는 찾아올 때마다 집으로 모시겠다고 하는데 할머니는 한사코 반대한다는 것이었다.

아바이 할머니는 요양원에서도 하는 일이 많았다. 겨울철이면 뜨개질을 하여 이웃 할머니들에게 내복을 나누어 주는가 하면 신문, 텔레비전에 쏟아지는 뉴스들을 종합하여 이웃 할머니들에게 친절하게 설명해 주기도 한다. 그래서 할머니는 그곳에서도 인기 짱이었다.

할머니를 대하다 보면 이 할머니에게서는 언제나 활력이 넘쳐나고 도대체 세상사의 근심 걱정이 없어보였다. 그러나 이것은 아바이 할머니의 겉으로 드러나는 표정이고 할머니의 내면은 항상 한으로 까맣게 타고 있는 것 같았다. 할머니는 인근의 조그만 암자에 남편과 아들 둘의 영가를 모시고 극낭왕생을 기원하는 눈치다. 일요일 새벽에 '유해납치'를 끝내고 들르는 곳은 암자인 듯했다. 그리고 할머니는 어쩌다 김정일이나 북한의 강제수용소 얘기만 나오면 길길이 뛰면서 격분하는 것이었다. 이럴 때 할머니의 모습은 평소의 할머니와는 다른 모습이 되는 것이었다.

'이보게 대명천지 21세기에도 저런 나라가 있나. 저눔 아들 그냥 두므 안 된다. 때려 부셔야 되는 기라. 백성을 죽이는 나라가 나라인가. 우리 남한이 정신 차리지 않으므 김정일의 나라 됨세. 서울에만도 고정간첩이 넘쳐난다는데, 왜 못 잡아내나.'

입에 거품을 물고 흥분하다가도 '아냐 참아야 해. 다 부스믄 내 고향에 못 돌아간다. 우물에 빠진 혼백 건져내려면 다 부스믄 안 되지. 핵폭탄으로 부스믄 안 돼. 참아야 해. 쓰레기 주우며 수양하는 기라. 쓰레기 줍는 것이 김정일 잡는 유해납치지.'

有害拉致로 쓰레기를 없애며 김정일을 잡겠다는 아바이 할머니, 이제는 우이동 도선사 오르는 골짜기에서도 만나뵐 수 없다. 그러나 함흥 땅에 돌아가 남편과 아들의 혼백을 건져 올리겠다는 아바이 할머니의 목소리는 아직도 우이동 하늘에서 메아리친다.

잃어버린 왕국을 찾아서

부여지역 문학기행

4월 25일, 봄철 문학기행으로 부여 지역을 다녀왔다. 열 명 내외의 회원들이 모이는 문학동아리 들꽃시인들 모임이다. 20대에서 70대까지 직업과 연령층은 다양하지만 늘 문학을 사랑하는 열정으로 모인다.

문학기행은 고적이나 삶의 현장, 또는 뛰어난 경관을 답사하여 이를 시나 산문으로 작품화하는 한편, 문학토론 등을 통해 회원 상호간의 친목을 도모하는 데도 도움을 준다. 며칠 전부터 일기예보에 신경을 곤두세웠으나, 아침 아홉시 서울역 광장의 하늘은 찌뿌듯하였다. 아무래도 비가 올 것 같았지만 일정을 강행할 수밖에 없었다.

천년 고찰 무량사

부여 낙화암으로 가기 전 들른 곳은 천년고찰 무량사. 부여군 외산면 만수리, 만수산에 앉아 있는 무량사는 신라 시대 범일국사가 창건한 천년 고찰이다. 교과서를 통해서도 익히 알고 있는 무량사에선 그 유명한 극락전과, 5층 석탑, 그리고 무량사 석등을 만날 수 있었다.

만수산에는 꽃이 가득하고 사찰 경내에도 백련과 벚꽃들이 만개해서 이곳을 찾는 이들을 취하게 한다. 그런데 주지인 석전 스님은, 이곳이 4가지로 어우러진 불국 정토라고 설명한다. 아미타불을 모신 극락전 앞에는 5층 석탑이 하늘을 떠받치고 있고 그 앞에는 번뇌 망상에 허덕이는 중생의 길을 밝혀 주는 석등이 있다. 게다가 이 세 가지 보물들을 감싸주고 있는 버드나무가 주변을 에워싸고 있어서 불국정토를 이루고 있다는 설명이다. 극락전의 꽃살문은 풍화작용으로 색은 바랬지만, 오히려 이것이 극락전의 역사를 돋보이게 한다.

버드나무는 봄을 가져오는 전령사. 버드나무에 싹이 터서 물이 오를 무렵이면 극락전 안마당에 봄 햇살이 쏟아지고 석등 안으론 온 누리를 밝히는 찬란한 빛이 가득하다. 극락전 앞에서 벌어지는 이 네 가지의 조화를 알게 되면 천리 멀리서 오는 소리를 들을 수 있고, 무간지옥에서 고뇌하는 중생을 건져올리는 빛을 볼 수도 있다. 불교와 윤회의 인연과 업장소멸은 멀리 있는 것이 아니고 극락전 안마당에서 이루어진다는 석전 스님의 말씀이 가슴에 와 닿는다. 꽃 피는 봄날 무량사 극락전 앞에 선 것만으로 나는 불국정토를 다녀오는 영광을 누렸다.

그리고 이곳에는 매월당 김시습 선생의 영정이 모셔져 있는데, 비단에 채색하여 그려 놓은 원본 그대로이다. 조선 전기의 초상화는 몇 점 안 남았는데 모사나 덧칠이 아닌 원본이어서 더욱 귀중한 작품이다. 매월당은 생육신의 한 사람으로 세조에 의해 단종이 폐위되는 것을 보고 일생을 아웃사이더로 살다가 이곳에서 고단한 육신을 내려놨다. 그는 유불선을 넘나드는 천재였으나 살아생전 '시를 쓰며 통곡하고 나무에 조각하고 통곡하며, 구름처럼 떠돌며' 살았다고 역사는 기록하고 있다.

잃어버린 천년의 왕국

부여에서 만나는 백제는 천사백년 전에 사라진 천년의 왕국이다. 백제는 BC 18년에 건국되어 AD 660년 나당연합군에 의해 패망하였다. 백제는 패자의 역사이다. 그래서 철저히 파괴되었다. 어쩌면, 신라보다도 더 위대한 문화를 창조했을지도 모르지만, 백제 문화는 유형적인 것보다는 전설에 묻힌 경우가 많다.

백마강을 찾기에 앞서 부여읍 동남리에 위치한 정림사지 5층탑을 찾았다. 절은 간곳이 없다. 8.33미터 높이의 이 석탑은 1층 탑신부에 대당평백제국(大唐平百濟國)이라는 비문이 새겨져 있다. 한때 나당연합군의 수장으로 백제를 멸망시키는데 앞장선 소정방이 백제를 평정했다는 의미의 평제탑(平濟塔)이라는 오명을 듣기도 했으나, 소정방에 대한 비문은 탑이 건립된 훨씬 뒤인 고려시대에 새겨진 것임이 밝혀져서 그 누명이 벗겨졌다. 정림사지 5층 석탑 앞에 서면 준엄한 역사의 심판 앞에 숙연해질 수밖에 없다.

백제의 정취가 물씬 풍기는 백마강은 부여 역사 유적 지구를 지나는 금강 16km 구간을 부르는 이름이다. 백제에서 제일 큰 강이란 뜻의 백마강은 부여군 규암면 호암리 천성대에서 빈원리까지의 물줄기로 부소산성을 반달 모양처럼 휘돌아 흐른다. 백제 시대의 옛 명칭 사비를 따라 사비수라고도 불렀다. 백마강은 오늘도 푸르게 흐른다. 강변에서는 준설 작업이 계속되고 있지만 천년 전에는 큰물이 흐르는 큰 강이었을 것이다.

그 유명한 구드래. 구드래는 부소산 서쪽 기슭에 있는 백마강 나루터 일대를 가리킨다. 그 옛날에도 구드래였고 지금도 구들나루라 부른다. 일본 서기(720년 편찬)에는 '구다라'로 표기 되고 있는데, 그 뜻은 '대국' '섬기는 나라' 즉 백제를 뜻한다. 일본에 있는 우리식으로 읽는 한자 발음은, 백제역 백제교 백제초등학교는 일본 발음으로는 구다라역 구다라교 등은 백제를 뜻한다. 일본 천황의 뿌리는 백제인이라고 한다. 통한의 역사가 흐르는 백마강은 우리 민족의 한을 담은 숱한 노래와 시를 남기고 있다. 부여읍 산1번지 부소산 정상에 있는 바위가 낙화암. 서기 660년(의자왕 20년) 백제가 나당연합군의 침공으로 함락되자 궁녀 3천 여 명이 뛰어내려 죽은 곳이 낙화암이다. 깎아지른 절벽 바위 위에는 낙화암이란 붉은 글씨가 새겨져 있다.

낙화암을 오르려면 선착장에서 관광선을 타고 고란사 앞 부두에 내려야 한다. 낙화암 가는 길목에 고란사 사찰을 거치게 된다. 언제 창건됐는지 모른다는 말마따나 퇴락한 사찰이다. 고란사 앞에 서면 절망한다. 잃어버린 왕국에 대해 절망하는 것이다. 고란사 뒷켠에 한 모금 마시면 3년이 젊어진다는 고란정 약수터가 있다지만 이것이 무슨 소용 있는가. 백마강과 낙화암 그리고 고란사. 우리는 그곳들에 대한 새삼스런 평가나 감상을 더 보태려고 애쓸 필요는 없다. 일본으로 건너간 백제유민들의 통곡 소리를 지금도 들을 수 있다면 백제가 다시 살아올 것이다. 잃어버린 왕국은 거기 그렇게 있었다.

김 학구

frei5308@hanmail.net

충북 청주 출생
중앙대학교 대학원 독문학과 졸업, 문학박사
서울교대 강사, 중앙대 강사
현 중앙대 부속고 교사
현 중앙대 교육대학원 겸임교수
<한국수필>로 수필 등단
한국수필가협회 회원

철새 따라 하기

세상을 살다 보면 이런 저런 일들을 겪게 된다. 어떤 경우는 너무 진실이어서 가슴이 아프고 때론 허무맹랑한 거짓이어서 슬퍼지기도 한다. 우리가 함께 살아가는 삶의 현장은 다양한 성향의 사람들이 모인 공동체이다. 싫든 좋든 어울려 살아갈 수밖에 없는 내막에는 세월 따라 크고 작은 갈등이나 기쁨, 나눔이 교차할 수밖에 없다.

요즘처럼 내 주변이 이렇게 소용돌이치는 것을 그 동안 본 적이 없다. 수년 전부터 움터온 이상 현상은 돌이켜보면 인사(人事)문제에서 야기된 바가 크다. 인사가 곧 만사라고 하지 않았던가? 몇 년 전에 석연찮은 인사가 있었다. 누가 보아도 순리적이고 수긍이 가는 사람이 아니라 이런 저런 의문이 제기되던 인물이 임명된 것이다. 한 직장에 오랜 세월 근무하다 보면 자연히, 검증되고 묵시적으로 지지를 받는 누군가가 있기 마련이다. 그런 인물이 등용됨으로 해서 그 조직은 건강하게 내부의 질서가 자리 잡혀가고, 애써 노력하며 신뢰를 얻는 자에게 그 결실이 온다는 믿음으로 살게 된다. 그러나 뜻밖에도 그런 상식적인 일이 반전되어 나타났다. 한동안 유행했던 유행가 가사처럼 '임자가 따로 있나, 앉으면 그만이지.'가 되었다.

세상의 역사는 기대한 바대로 흘러가지만은 않는 것일까. 이러한 역전(?)이 있음으로 해서 인생의 또 다른 묘미가 있다고 손뼉을 칠 수 있을까. 문제는 심각한 그 후유증이었다. 소위, 꿰어 찬 자는 승리를 구가하며 그 동안의 허물은 다 던져 버린다. 그를 추종하던 그룹들에게는 음으로 양으로 시혜를 베푼다. 위인설관(爲人設官)이란 말이 생각난다. 허구한 날, 늦은 시간까지 우직하게 자리를 지키며 내일을 준비하던 우리의 주인공은 어떠한가. 지워지지 않는 자아 질책의 언저리에서 극도의 자괴감으로 지내며, 잠을 자다가도 벌떡벌떡 깬다고 했다. 옆에서 지켜보는 입장도 가슴이 오그라들고 답답한 터에 당사자야 더 말 할 나위가 있겠는가. 더욱이 숨 막히는 일은, 그 칼자루를 쥔 채 익혀 온 노하우를 가지고 입맛대로 대물림하는 악습의 고리가 연속된다는 데에 있다.

이런 불미스러운 인사가 수 년 사이 몇 차례에 걸쳐 있었다. 당시부터 추측성 소문이 무성했지만, 시간이 지나면서 그러한 정실 인사가 소위 보이지 않는 손과 방법으로 이루어졌다는 사실이, 당사자의 시인이나 인사 기관의 주변을 통해 간간이 흘러 나왔다. 당혹스런 인사에 대해 울분을 토로하고 캄캄한 앞날을 걱정하며 술잔을 기울이던 사람들은 차츰 냉소주의에 빠져 들었다. 성실하게 열심히 노력하며 조직을 위해 봉사한다는 것이 무슨 의미가 있느냐는 것이다.

그러나 한두 해가 지나자 기막힌 현상이 돌출하기 시작했다. 숨을 죽이고 있던 사람들이 그토록 비판하던 힘 가진 쪽으로 줄을 대는 현상이 감지되기 시작한 것이다. 굳이 어렵게 노력하지 않아도 때만 잘 포착하고, 보이지 않는 손에 의지한다면 내게도 기회가 올 수 있다는 인식이 팽배하기 시작한 것이다. 서로가 견제하고 의심하며, 그룹으로 연대하여 세를 키워가는 일들이 비밀스럽게 일어났다. 힘이 느껴지는 쪽에 서성거리는 인사들이 늘어가기 시작했다. 적어도, 피해를 보지 않고 살아가려면 누군가의 힘에 의지해 사전 보험이라도 들어 놓아야 한다는 빗나간 삶의 방정식이 자라나게 되었다. 어제의 동지가 오늘의 적이 되기도 하고 그 반대의 경우도 허다한 것이 정치의 세계라고 했던가. 간과 쓸개를 다 꺼내놓고 산다지 않던가. 원래 인간은 이기적인 존재라 했다. 내 단 맛을 위해서는 남의 아픔쯤은 질끈 눈감아 버리는 존재다. 그렇지만 공정하지 않은 게임으로 상흔을 안고 살아가는 슬픈 눈망울이 있음을 어찌해야 하는가.

이득과 힘을 좇아 이리저리 옮겨 다니는 이들을 우리는 흔히 철새에 비유해 손가락질 하곤 한다. 그러나 철새의 세계에는 우리가 미처 알지 못 했던 참으로 놀랍고도 아름다운 상생의 비밀이 숨겨져 있다.

철새의 장거리 여행에 대한 흥미로운 기사(동아일보 2001. 10.23자)가 있었다. 세계적으로 유명한 영국의 '네이처'지에 발표된 두 편의 논문을 소개하는 내용이다. 스웨덴 룬트대학의 안데르스 크비시트 교수 연구팀이 발표한 바에 의하면, 시베리아에서 아프리카까지 4000km에 이르는 거리를 이동하는 붉은 가슴 도요새는 장거리 여행을 위해 몸무게를 거의 두 배로 늘린다는 것이다. 무거울수록 에너지의 효율이 높다는 것을 밝혀낸 것이다. 프랑스 국립과학연구소 앙리 위메리스커크 박사 연구 팀은 V자 대형을 유지하며 날고 있는 펠리컨들이 날갯짓을 덜하고 심장 박동 수도 낮다는 사실을 알아냈다. 이렇게 V자를 형성하고 서로 협동하며 날아가는 철새들은 홀로 날아가는 철새들에 비해 11~14%의 에너지를 덜 소비하는 것으로 나타났다는 것이다.

<상식지존 뇌를 깨워라>(송정림 저)에서도 유관한 사례를 소개하고 있다. 조류학자들에 의하면, V자로 날아가는 기러기는 앞선 친구가 날개를 칠 때마다 뒤 따르는 동료들을 위한 상승기류가 만들어진다고 한다. 이렇게 함으로 혼자 날아가는 것보다 약 71%를 더 멀리 날 수가 있다고 한다. 만일 선두에 선 기러기가 지치게 되면 스스로 뒤로 물러서고 그 뒤를 따르던 기러기들이 앞으로 나와 대형과 진행속도를 계속 유지해 간다고 한다. 기러기들이 함께 날아가며 계속 서로를 부르는데, 이는 앞서거나 뒤쳐진 친구

들을 격려하며 전체적인 보조를 맞춰 일정한 속도를 유지하기 위함이라는 것이다. 더욱 놀라운 일은, 누군가가 아프거나 총에 맞아 다쳐 대열에서 이탈하게 되면 다른 두 마리가 대열에서 벗어나 함께 낙하한 후 일정 기간 동안 머물며 그를 돕고 보호한다는 것이다.

우리는 철새들의 모습에도 훨씬 못 미치는 삶을 살고 있는 것은 아닐까. 부끄럼 없이 몰염치하게 남의 그릇을 탐하고 그것도 모자라 수단과 방법을 가리지 않고 서로 존중해 가야 할 질서를 무너뜨린다. 그러면서 그것이 곧 인생이라고 강변할 수 있을까. 사람 사는 세상의 이면은 이렇게 이기적이며 음습한 어둠이 드리워 있다.

이런 일을 겪고 난 뒤부터 나는 부쩍 기록된 역사에 대해서 회의하는 경향이 생겼다. 그 과정이나 눈물겨운 진실의 기록은 없이 그저 승리자의 전승물처럼 기록된 역사가 얼마나 많은 오류의 단면을 가질 수 있겠는가 하는 의구심을 지울 수 없기 때문이다. 주변의 현실을 보며 한동안 절망하기도 했지만, 그래도 나는 우리네 삶 속에 작용하는 무언의 정화작용을 믿는다. 먼 길을 가기 위한 준비로 두 배의 몸무게를 갖추려는 철새의 지혜처럼 그렇게 진솔한 노력으로 내면을 살찌워가고, 그들의 날갯짓처럼 함께 나누는 삶을 살면 어떨까. 남을 배려하고 그들의 아픔을 외면하지 아니하며 동행하는 인생이 한층 더 성숙된 승화의 길은 아닐까. 오욕의 잔꾀로 얻은 허울보다는 내 손 안에 가득 담아 볼 들꽃의 향기가 더 아름다울 수 있다는 믿음을 가꾸어 가도록 하자. 얻는 만큼 잃는 것이 있듯이 잃는 만큼 얻는 것도 반드시 있다는 평범한 진실을 가슴에 담아두고 말이다.

있는 것과 없는 것

검게 죽어 있던 대지가 숨을 쉰다. 다시는 깨어날 것 같지 않던 산하가 한겨울의 된바람을 견디고 기지개를 켜며 잠을 쫓는다. 헐벗은 몸으로 윙윙대며 찬바람을 이기던 나뭇가지에 서서히 호흡의 기운이 감돈다. 자연의 철리(哲理)는 이렇게 소리 없이 다가와 한 치의 게으름 없이 제 때를 준비한다. 찬란하게 생명을 잉태한 봄이 오길 얼마나 많은 사람들이 손꼽아 기다릴런가. 잿빛 우울과 칼바람의 한기 속에 몸을 숨기고 향기로운 꽃소식을 기다리는 이들의 가슴 졸임이 내게도 전해온다.

그토록 설레던 기다림의 계절이 내게는 끝없이 멀게만 느껴지니 이 무슨 까닭인가. 새로운 기록을 남겼다는 이번 겨울의 적설량과, 연속된 강추위만큼이나 내 마음의 빙벽은 한층 더 높아졌다. 몇 해 전에 있었던 아린 기억이 또 되풀이되었기 때문이리라. 밖으로 돌던 요란한 소문과는 달리 최종 진급 심사에서 나는 또 밀렸다. 그 자리는 내 몫이 아니었다. 꼭 '나'여야 한다고 고집스럽게 생각한 적은 없다. 그저 있는 그대로의 모습으로, 편견 없는 세상의 눈으로 인식되길 바랐다.

세상을 살다보면 가지지 못해 서러웠던 기억이 있기 마련이다. 돈이 없어서, 힘이 없어서, 또는 배경이 없어서 무너졌던 한 많은 슬픔들이 즐비할 것이다. 어지간한 설움이야 부지런한 노력으로 벗어나 볼 수도 있지만, 배경이 없어서라든지 신분의 한계 때문에 당하는 어려움이라면 노력한다고 해서 쉽게 극복할 수 없는 경우가 허다하다. 그래서 더 큰 좌절과 고통이 따른다.

우리 사회, 아니 인간 사회에는 눈에 쉽게 드러나지는 않지만 독버섯처럼 그늘에서 피어나는 숱한 병리 현상들이 있다. 심증만 있고 물증은 없다는 논리로 가려지고 숨겨지기 일쑤지만, 세월의 흐름 속에, 혹은 용기 있는 자의 양심선언으로 숨겨진 진실이 밝혀지기도 한다.

평등을 부르짖지만 그 핑계 아래 선불리 빠져나올 수 없는 불평등의 늪이 존재한다. 열광적으로 정의를 말하지만 그것은 그저 힘 있는 자의 여유로운 사치로 비춰지는 경우도 적지 않다. 평등해야 할 너와 나의 관계가 왜곡되다 보면 결국 우리네의 삶도 그늘이 진다. 종국에는 우리가 살아가는 인간세의 가치가 혼돈 속에 빠져서 탈법과 부정이 상식과 순리를 몰아내는 이른바, '악화가 양화를 구축'하는 모양새가 된다.

제정신을 곱 차리고 살아도 쉽지 않은 세상사 가운데 까닭도 모른 채 서러움을 당하는 일이 어디 한 둘일까. 허나 그것이 내게까지 물방울이 튀기지 않는 먼발치의 이야기라면 모르되, 당사자의 일로 차오를 때는 차마 감당하기 어려운 부대낌이 자리한다. 남이 겪는 일이라면, "세상 다 그런 거지 뭐." 하면서 짐짓 대수롭지 않은 듯 여유를 보이다가도, 막상 나의 일이 되어 눈앞에 나타나면 세상이 온통 깜깜해지는 것을 느끼게 된다.

비슷한 상황과 여건 속에서 똑같은 결과가 되풀이될 때는 마음의 상처를 넘어 부아가 치미는 것을 억제하기가 쉽지 않다. 세상을 잘못 살아도 한참 잘못 살아온 것 같은 자괴감마저 드는 것도 사실이다. 그 사회가 얼마나 건전하고 건강한지를 판단하는 것은 그리 어려운 일이 아니다. 서로가 믿고 따르는 보편적인 상식이 제대로 지켜지는가가 그 가늠이 될 터이니.

그간의 삶 가운데 내게도 몇 차례의 좌절이 있었다. 대학원에서 학위를 마친 후 모교와 몇몇 대학에 임용 원서를 제출하고 나름의 꿈을 찾으려고 노력을 했다. 몇 군데를 다니다보니, 익숙한 얼굴들이 늘 단체 관광객처럼 맴도는 것을 보고 충격을 받기도 했었다. 임용 과정에 참가하면서 자꾸 엇나가는 느낌을 받았다. 이런 저런 주변의 말도 돌았다. 어떤 경우에는 아예 지원을 할 수 없도록 차단막이 쳐지기도 했다. 그저 스스로 훌륭해서 그 뜻을 이루었다는 경우보다도, 늘 이렇게 연결되고 저렇게 손을 써서 결정되었다는 소문만이 무성했다. 구체적인 방법론에 대해 어쭙잖은 정보도 곁들여졌다. 우리가 바라는 상식과는 달리 그 비밀한 열쇠를 찾는 것에 골몰하는 경향이었다. 비로소 깨달음이 왔다. 가자해도 갈 수 없는 길이 있음을, 내가 머물기에는 너무 멀게만 느껴지는 세상이 존재함을.

일상의 삶에도 이런 모습들이 낯설지만은 않다. 어려운 일을 만나 힘겨워하면서, "집안이 잘 되려면 적어도 그 집안에 법관도 있어야 하고, 경찰, 변호사, 의사, 정치인, 사장 정도는 하나 씩 있어야 해"라는 푸념의 소리도 들린다. 노력한다고 해서 이루어지지 않는 복병들이 하도 많은 세상이기 때문이리라.

무엇이 우리를 주눅이 들게 하고 슬프게 하는가. 건전한 상식에 근거한 공정한 판단이 이루어지지 않을 때이다. 나와 관계가 없으면 슬그머니 눈을 감아주는 방치된 양식이 우리의 서글픈 자화상이다. 막상 눈앞에 황금 들판이 나타나면 그동안 쌓아온 명분과 꼿꼿한 자존심은 미련 없이 벗어 던지고, 몸담아 왔던 세상과는 등을 돌린다. 내 성취를 위해서는 수단과 방법을 가리지 않는 저열한 이기심의 뿌리가 우리 속에 자리 잡고 있음이다.

올봄을 새록새록 자라나는 꿈처럼 나는 희망으로 맞이하지 못했다. 즐기듯이 곁눈질하는 군상들을 보며 힘없이 떨어져 누운 꽃잎의 허무를 느낀다. 영화(榮華)가 영원할 수 없다는 세상의 진리도 생각해 본다. 어찌 하겠는가, 내가 스스로 결정한 일이 아닌

것을. 무엇을 탓하겠는가, 인간 세상의 일그러진 속성인 것을.

어둠을 걷자. 그리고 걸어가자. 가지지 못한 서러움으로 나를 버릴 수야 없지 않은가. 내가 가진 것만을 소중히 여기고 감사하면서 살자. 끝없는 절망과 나락 속에서도 얼마나 많은 사람들이 인간 승리의 노래를 불렀는지 기억하자.

연초록의 순연한 생명이 돋아나는 나뭇가지마다 내일의 풍성한 초록 꿈이 자라난다. 남이 가진 것이 내게는 없음을 한탄하는 마음보다 내가 누리는 것만으로도 행복을 만들어 가는 내 안의 삶으로 조용히 걸어가야겠다.

마음으로 악수하기

요즘은 사람을 만나게 되면 너나 할 것 없이 악수로 인사하는 것이 상례이다. 우리의 전통 예절로 치자면 무릎을 바닥에 대고 절을 한다든지, 선 채로 허리를 깊게 숙여서 절을 하는 것이 맞다. 서양의 문화가 들어 온 이후, 교류가 국경 없이 이루어지는 현대 사회에서는 악수가 범세계적인 인사법이 돼버린 듯하다.

우리의 절 문화도 질주하듯이 빨리 달려온 산업화와 더불어 외면하다시피 되었다. 이제는 노년층만이 주로 남아 있는 시골에서 제사를 지내거나 문중의 시제(時祭) 때, 혹은 장례식장에서 조문을 하는 경우 등에 제한적으로 이루어진다. 기껏해야 설 명절이 되어서 세배라는 명분으로 잠깐 행해지는 경우가 고작이다. 하기야 바쁜 현대 생활에서 언제 무릎까지 땅에 대고 절을 할 것이며, 허리를 깊게 숙여 시간을 지체할 것인가. 그저 손 한 번 마주잡고 씩 웃으면 그만인 것을…….

악수를 하는 습관은 어떻게 생겨났을까? 악수의 기원에 대해 재미있는 일화가 있다. 선사 시대로 거슬러 올라가면, 모두가 벌거벗고 살던 시대였다. 사냥을 주로해서 먹을거리를 마련해야 했던 남자들이 숲속을 헤매다가 우연히 누군가와 마주치게 되면 서로 상대방의 부끄러운 부분을 자신의 손으로 가려주던 행위가 악수로 발전했다는 것이 그것이다.

중세 때의 기사들은 칼을 왼쪽 편에 차고 있었는데, 싸움을 할 때는 오른손으로 뽑아 싸우는 것이 일상적이었다고 한다. 만약 낯선 사람을 만나게 되면 일단 적으로 여기고 칼에 오른 손을 갖다 대고는 경계를 하면서 다가간다. 이윽고 서로 싸울 의사가 없음을 확인하면 칼을 잡았던 손을 내밀어 마주 잡던 것에서 비롯되었다고도 한다.

다른 이야기도 있다. 일설에 의하면 살벌했던 서양의 서부 시대 때에 총을 가지고 있지 않다는 것을 서로 보여주고 확인하는 차원에서 시작되었다고 한다. 어쨌거나 악수는 손에 무기를 가지고 있지 않다는 것을 상대방에게 확인시키고 싸울 뜻이 없음을 나타내는 과정에서 자연스럽게 이루어진 것만큼은 분명한 것 같다.

언제부터인가 우리도 악수를 하는 것이 가장 보편적 인사 방식이 되었는데, 상황이나 상대방에 따라서, 또는 손을 잡는 방식에 따라서 아주 미묘한 분위기가 연출되는 것을 느낄 수 있다. 단순히 손을 잡는 행위로 끝나는 것이 아니라, 그 순간에 서로의 마음과 감정이 고스란히 전달되는 것을 느낄 수 있다는 말이다.

어떤 경우는 손을 깊숙이, 그리고 힘 있게 잡아서 자신감과 반가움이 가득 묻어나는 느낌을 받는다. 반면에, 손가락 부분만 얕게 내주고는 잡는 둥 마는 둥 해서 나에게 대한 열린 마음보다는 경계심이나 꺼려지는 구석이 있는 게 아닌가 하는 의구심이 들게도 한다. 어떤 이는 손을 잡고 한참을 흔들어대면서 도통 놔줄 생각을 하지 않아, 마치 그물에 갇힌 참새처럼 거북하고 주눅이 드는 때도 있다.

서로 인사를 나눌 때나 화해의 몸짓으로 하는 절차일 때도, 손길로 전해지는 느낌을 통하여 나에 대한 상대방의 마음을 어느 정도 읽어볼 수 있다는 점이 자못 흥미롭다. 이렇게 악수를 나누는 것으로 서로의 진솔한 느낌을 함께하는 것이라면 따뜻하게 품어주는 마음으로, 믿고 정을 나누는 기쁨으로 마땅히 이루어져야 하리라.

문제는 악수가 남발되어 불쾌하고 꺼려지는 경우이다. 대표적인 것은 정치인들이 하는 겉치레의 악수들이다. 오직 표를 얻기 위해서 거짓 미소도 넘쳐나며 코가 땅에 닿을 만큼 허리를 숙이고 악수를 구걸한다. 또는 기관의 관리자들이 절차상, 또는 의례적으로 해야만 하는 수많은 악수가 그것이다. 마음이 와 닿지도 않으면서 마치 점을 찍듯 꾹꾹 눌러대는 악수를 당하고 나면 영 개운치 않고 마뜩찮은 마음마저 든다. 나랏일을 하는 높으신 분들은 줄지어 늘어서 있는 무리들을 빠른 시간 안에 처리하기 위한 저마다의 악수 노하우를 가지고 있다는 말을 들은 적도 있다.

언젠가 직장 산하의 영년 근속자들을 초대하는 축하모임이 있었다. 축배와 더불어 만찬이 진행되었지만 간부급 인사들과 마주 앉아 하는 식사가 거북스러울 수밖에 없었다. 식사 절차가 끝나자 마지막으로 최고 관리자와 상견례를 나누는 시간이 있었다. 한쪽으로 줄지어 가다가 드디어 내 차례가 되었다. 내민 손을 잡자마자 내 손목은 여지없이 꺾이면서 몸이 바깥쪽으로 밀쳐지는 것이었다. 마치 궤도를 잘 달리던 열차가 옆으로 덜커덩하고 탈선하는 느낌이 왔다. 잠깐 당황하여 물러서면서 문득 언젠가 들어보았던 '신속처리용 악수'라는 것이 떠올랐다. 많은 사람을 그것도 짧은 시간으로 최소화할 수 있는 인사 방법이었다.

'아하, 이게 바로 그것이로구나. 서로 바라보면서 잠깐의 미소라도 지어볼 수 있는 여유조차 허락되지 않다니…….' 나는 갑자기 바닷가에 수없이 널려 있는 조약돌 가운데 이리저리 굴러다니는 못난이 돌멩이가 되었다.

그 귀한 손을 잡아본 것만으로도 대단한 영광으로 여기라고 세상은 말할는지 모르겠다. 힘 있는 사람의 손 한 번 못 잡아서 안달하는 사람이 어디 한둘일까 마는. 그 주변에 머물며 기념사진 하나 박기 위해 애쓰는 사람들 또한 적지 않으리라. 종종 실력자와 악수하는 대형사진을 걸어놓고 자신의 신분과 지위를 광내려는 인사들이 줄을 선다는 말도 들린다.

예로부터 마음을 얻어야 천하를 얻는다고 했다. 신뢰를 얻는 가장 기본적인 태도는 겸손하게 사람을 대하고, 상대방을 귀하게 여기는 일이리라. 더불어 무미건조하고 권위적으로 이루어지는 인사치레라면 차라리 안 하느니만 못하다는 생각이다. 오히려 정감이 느껴지는 따뜻한 말로 사람의 마음을 얻는 것이 그나마 나은 선택이 될 수 있으리라.

"너도 그 입장이 돼 봐라, 네가 그런 자리에 서 있어 보질 않아서 그래." 세상은 또 그렇게 말할지는 모른다. 그렇지만 분명한 것은 사람들이 서로 어우러져 살아가는 사회에서 가장 소중한 가치는 서로간의 돈독한 신뢰이지, 어쭙잖은 권위가 아니라는 점일 게다. 오히려, 진정한 권위란 상대방의 믿음을 듬뿍 받으며 마음으로부터 스스럼없이 다가가려는 꾸밈없는 모습 속에 깃드는 것이리라.

신 도자

djshin37@naver.com

- 사랑 후에 남겨진 것
- 새로 움트는 생명처럼
- 안개비가 내리던 날

충남 대전 출생
이대 국문과 졸업
이대 산업미술 대학원 패션 디자인과 졸업
연세대 경영 대학원 최고경영자 과정 수료
대한 복식 디자이너 협회 부회장 역임

사랑 후에 남겨진 것

나는 영화광이다. 그것도 아주 심각한 중증의 못 말리는 영화광이다. 대학 시절에 용돈이 부족할 때는 점심을 굶고라도 영화는 봐야했다. 이렇게 나이가 들어버린 이 나이까지도 영화에 대한 열정은 식지 않고 있으니 내가 생각해도 한심한 노릇이다. 그러나 한편으로는 아직도 꿈과 낭만을 잃지 않고 있다는 것이 다행스럽게 생각된다.

좋아하는 장르도 다양하다. 주로 서정적인 아름다움이 있는 정적인 영화를 좋아하지만 로맨틱 코미디, 법정 스릴러나 탐정영화, 또는 추리물, 그리고 웰터 디즈니나 드림워크사가 제작한 만화에 이르기까지 영역이 다양하다. 그러나 SF나 액션물은 별로다. 특별한 경우가 아니면 나는 주로 혼자서 영화 보기를 즐긴다. 누구와 함께 하려면 시간을 맞추어 약속을 잡아야 하고, 또 기다려야 하는 번거로움이 따르기 때문이다. 시내에서 일을 보다가 자투리 시간이 나면 나는 가까운 곳의 극장을 이용 한다. 극장가에는 영화프로와 상연시간이 다양하므로 내 취향에 맞는 영화를 마음대로 선택할 수 있어 편리하다. 이제는 50% 할인혜택까지 받을 수 있으니 적은 돈을 드려서 할 수 있는 즐거운 취미 활동인 것 같다.

며칠 전 안국동에 있는 영화관 씨네코드 에서 「사랑 후에 남겨진 것들」이란 독일 영화를 보았다. 한 친구가 일생에 한 번 볼까 하는 좋은 영화라고 하기에 함께 갔었다. 많은 것을 생각하게 하는 영화였다. 며칠 후 나는 그 가슴 저린 이야기와 눈부신 벚꽃의 아름다움을 다시 보고 싶어 그 영화관을 또 찾았다. 그리고 나의 단짝 친구 구 데레사에게 그 영화를 보여주고 싶어 또 한 번을, 모두 세 번이나 보았다.

독일의 어느 시골 평범한 노부부의 이야기다. 부부는 남매가 살고 있는 베를린으로 여행을 떠난다. 부인 트르디는 막내아들이 있는 일본의 후지 산과 만개한 벚꽃이 보고 싶어 일본에 가기를 원했으나 남편 루디의 뜻에 따라 베를린으로 향한다. 그러나 자녀들이 부모의 방문을 오히려 부담스러워하며 서로에게 부모를 떠넘기려 한다는 것을 알게 된 부부는 큰 실망과 함께 발트해로 여행을 떠난다. 부인은 자기가 걸친 스웨터의 한 자락을 남편에게 덮어 주기도 하며 남편에 대한 사랑이 지극하다. 그들은 함께 바닷가를 거닐며 자녀들에 대한 서운함을 달랜다. 그러나 이른 아침 호텔방에서 남편은 부인의 갑작스런 죽음을 맞게 된다. 혼자 남게 된 그는 부인의 장례를 마친 후 홀로 시골 마을로 돌아온다. 부인의 옷을 펴놓고 잠 못 이루며 그녀를 그리워한다. 그는 아내가 그토록 원했던 작은 소망마저 외면했던 자신에 대하여 자책하며 그녀가 소망했던 삶을 찾고자 모든 것을 정리하고 일본으로 여행을 떠난다. 아들은 직장생활에 매어 아버지를 돌볼 수 없기에 그는 여전히 외롭다. 아내가 가장 원했던 것을 이루어 주지 못했으며 이제는 보상할 수조차 없는 현실에 대한 회한을 느끼고 시간이 많은 줄 알았다며 후회한다. 또한 “내게 남은 그녀의 기억은 내가 죽으면 어디로 갈까?” 하면서, 그는 늘 코트 속에 아내의 스웨터와 치마를 끼어 입고 아내의 체온을 느껴본다.

밤새 피어나 며칠이면 살아져 버린다는 벚꽃, 그 눈부신 화려함에 취해서 공원을 거닐던 어느 날 그는 얼굴에 하얀 분칠을 한 소녀가 전화 줄을 나무에 걸쳐 놓은 채 전화기를 들고 부토 춤을 추고 있는 것을 발견한다. 그의 아내는 한때 일본의 현대무용 부토 춤을 추던 무희였으나 남편으로 하여 꿈을 접어야 했다. 공원에서 만난 그 소녀는 일 년 전 세상을 떠난 어머니와 전화기를 통하여 대화를 나누며 그리움을 달래고 있었다. 부토는 그림자의 춤이며 누구의 그림자인지는 모르지만 마음은 통한다고 하였다. 루디와 소녀 유는 매일 공원에서 만나면서 조금씩 서로를 이해하게 되고 가까워진다. 어느 날 그는 막내아들이 베를린에 있는 형과 통화하는 것을 우연히 듣게 된다. 아빠 때문에 미칠 것 같다며 이젠 한계에 달한 것 같으니 형이 아버지를 맡으라는 것이다. 낙담한 아버지는 짐을 모두 챙겨 몰래 아들의 집을 떠난다. 공원 천막에서 혼자 기거하는 소녀 유를 찾아가 함께 여행을 해주기를 청한다. 소녀와 남편은 아내가 그렇게도 보고 싶어 하던 후지 산으로 향한다. 그러나 후지 산은 수줍음이 많아 늘 안개에 가려져 얼굴을 잘 드러내지 않는다고 했다. 어느 날 새벽 호텔의 창문을 열고 보니 눈앞에 환하게 아름다운 후지 산이 모습을 드러내고 있었다. 바로 앞 호수에도 후지 산의 모습이 또렷이 비추어 있었다. 남편은 부인 트르디가 즐겨 입던 기모노를 걸쳐 입고 얼굴에 흰 회칠을 하고는 호수가로 나간다. 그는 환상 속에서 부인과 함께 행복하게 부토 춤을 추면서 원래 있던 지병으로 인하여 죽음을 맞는다. 자기의 전 재산을 소녀 유에게 남긴 그는 한줌의 재가 되어 막내아들의 품에 안긴다.

이 영화는 특별히 부부간의 사랑에 대한 탐구가 돋보이는 영화였다. 서로가 사랑하는 마음이 곳곳에서 배어나와 그 사랑의 지극함을 보여 주었으며 그들 부부의 따뜻한 사랑이 우리들의 가슴을 포근하게 적셔 온다. 집 잃은 새와 같이 혼자서 방황하는 남편의 모습에서 참다운 인간의 외로움을 엿볼 수 있었다. 주인 없는 방랑객이 되어 버린 남편 루디가 마치 있을 자리를 잃어버린 나그네처럼 떠돌아다니는 모습에서 외로운 아버지상을 볼 수 있어 가슴 한쪽이 저려 오는 듯 했다. 영화를 보면서도 이러한 아버지의 안타까운 모습을 보는 것이 가슴이 무거우며 답답하기만 했다. 자녀가 있어도 인간은 고독한 존재이며 결국은 혼자 남게 되고 혼자서 떠나가야 한다는 진리를 새삼스럽게 일깨워 주는 것 같았다. 과연 그런 경우 우리의 자녀들은 어떨까? 하는 의문을 주기도 하며 결국은 부부의 사랑이 가장 소중하다는 것을 다시금 생각하게 해 주는 듯 하였다.

새로 움트는 생명처럼

내가 살고 있는 아파트는 1층이어서 베란다 앞뜰은 마치 내 집 뜰인 양 평화롭다. 여름에는 햇볕을, 그리고 겨울에는 바람을 막아주던 몇 그루의 나무 중 하나가 철쭉꽃과 목련이 피어오르던 4월이 다 지나도록 잎을 피우지 못하고 나무 가지만 앙상하게 남아 있었다. 그뿐 아니라 베란다 반대쪽 아파트 입구에 있는 또 한 그루의 나무도 똑같이 앙상한 가지만 남아 있어 볼 때마다 내 마음을 안타깝게 했다. 매일같이 그곳을 지나다닐 때면 그 나무들을 바라보며 그것들이 소생하여 잎을 피우기를 간절히 염원해 왔다. 목련꽃이 지기 시작하던 어느 날 문득, 대추씨만한 잎사귀들이 하나 둘씩 싹을 피우기 시작하고 있는 것이 아닌가, 가지만 앙상하던 나무들에서 움이 터 오르는 끈질긴 생명력에 다시금 신비로운 우주의 숨결을 느끼게 된다. 6월 중순이 되어 가면서는 손바닥만 하게 튼실해진 잎사귀들을 매달고 나를 기쁘게 해 주었다. 마치 메말랐던 내 마음 밭에 활기가 다시 솟아오르듯 흐뭇함과 넉넉함이 전해온다.

그런가 하면 싱그러운 입새들을 자랑하며 우리의 눈과 마음을 즐겁게 하여 주던 과천과 사당사이 도로변의 플라타너스 나무들이 어느 날 앙상한 가지만 남긴 채 볼품없이 변해 있었다. 푸르고 아름답던 잎사귀들을 피워내던 가지들을 모질게 가지치기 하여버린 그네들이 원망스러웠다. 며칠간 장마로 비가 풍성하게 내렸다. 오늘 과천을 지나다 보니 앙상하던 가지에 어느 틈에 푸른 잎사귀들이 솟아나 있는 것이 아닌가. 그동안 마음의 여유 없이 이곳을 지나다니느라 미처 눈길을 주지도 않았던 그 나무들에서 말이다. 나는 죽었던 친구가 살아 돌아온 것처럼 반가웠다.

그 순간 지난해 여름 우리 곁을 영 영 떠나 버린 한 친구가 생각났다. 오뉴월 햇살처럼 빛나고 미소가 해맑은 친구였다. 대구가 고향이던 그 친구는 졸업 후 대구에 내려가 있다가 취직시험을 보기 위해 서울로 올라와 한 달 가까이 우리 집에서 지냈었다. 그때 우리 어머니와 나는 그녀에게 꽤 따뜻하게 대해 주었던 모양이다. 그 후 나는 독일로, 그는 결혼하여 미국으로, 우리는 한국에서 25년여 만에 다시 재회하여 너무나 소중한 친구로 새롭게 우정을 쌓아갔다.

혼자된 내가 안쓰러워서인지 그 친구는 한 달에 한 번 모이는 동창모임에서 나를 늘 따뜻하게 챙겨주곤 했다. 또 가끔씩 나를 초대해 이태리식이나 일식 등 분위기 좋은 레스토랑에서 아늑한 시간을 나누었다. 내게는 지출을 못하게 하여 나는 스카프나 예쁜 속옷 등의 선물로 고마움을 대신하였다. 나보다 두 살이나 어린데도 오히려 언니같이 언제나 내게 각별히 마음을 써 주는 것이었다.

세상을 떠나기 10여 일 전에도 가까운 친구들 셋이 만나 일식집에서 점심을 했다. 그날 우리는 대학시절 푸른 나무들로 둘러싸인 이화 교정에서 아름다운 꿈을 키우며 함께 했던 그 시절을 그리워하면서 즐거운 시간을 가졌다. 그 친구는 날아갈 것 같은 하얀 옷을 예쁘게 입고 나왔기에 헤어지면서 "너 마치 천사 같구나." 라고 했더니 활짝 웃으며 어린아이처럼 좋아하던 모습이 눈에 선하다.

친구의 갑작스런 죽음에 대한 소식을 듣고 나는 가슴이 무너져 내리는 것 같았다. 그녀와 많이 친했던 또 한 친구와 함께 그의 곁에서 마지막 밤을 지내고 화장장으로 향하였다.

지금은 형체도 없이 작은 항아리에 담겨진 그 친구를 보면서 우리의 생명, 살아 있다는 것이 얼마나 허망한 것인가를 뼈저리게 느꼈다. 또한 우리의 인생이란 떠도는 구름처럼 왔다가 사라져가는 덧없는 존재임을 다시금 생각해 보게 되었다.

그 친구가 떠난 지 벌써 1년이 가까워 온다. 정말 세월이 너무나 빨리 흘러가 버리는 것 같다. 새로 돋아난 나무 잎새들을 보면서 우리네 인생도 저와 같이 떠나버린 친구가 어느 날 갑자기 우리 앞에 와 줄 수 있다면 얼마나 좋을까 하고 나만의 허황된 꿈을 생각해 본다.

안개비가 내리던 날

성경의 첫 장 첫 문장은 이렇게 시작된다.

"태초에 하나님이 천지를 창조하시니라" 그런데 하나님이 창조하신 하늘과 땅, 그리고 하나님이 보시기에 좋았던 여러 자연의 세계, 그 가운데 산의 신비로움을 제대로 가까이 하며 하나님의 숨결을 느껴 볼 수 있는 기회를 사람들은 얼마나 가질 수 있는 것일까?

지리산 하면 나에게는 막연히 먼 곳에 있는 원시림 같은 자연지로만 생각해왔다. 그런 지리산과 화개장터를 얼마 전 다녀왔다.

내가 살고 있는 의왕시 오전동의 새마을 금고에서 회원들을 위해 매달 주최하고 있는 마운틴 투어를 통해서였다. 나는 낯선 회원들과 함께 길을 떠났다. 직장 일을 그만 두면서 언제부터인가 아주 가끔은 혼자서 즐길 수 있는 습관을 들여 보려는 마음을 갖게 되었다. 생각나면 혼자서 1일 여행을 떠나본다든가, 약간의 시간이 날 때면 영화나 미술 전시회 등을 혼자서 즐길 수도 있게 되었다.

일본의 유명작가 소노 아야꼬가 쓴 『나는 이렇게 나이 들고 싶다』에서 "혼자서 즐기는 습관을 기를 것"을 권유한 대목을 읽고부터였다.

일상의 단조로운 생활을 떠나 서울을 벗어났다. 나는 항상 서울만 떠나면 마치 오랜 구속에서 해방된 듯한 자유를 느낀다. 창밖으로 펼쳐진 푸르른 산야가 시원하게 마음을 정화시켜 주는 듯하였다. 조용히 음악을 들으며 흘러가는 차창 밖을 내다보면서 혼자 여행을 즐겨 본다. 우리의 버스는 몇 군데의 휴게소를 거쳐 4시간여 만에 지리산 기슭에 닿았다.

지리산은 우리나라 최초의 국립공원이며 해발 1,915미터를 자랑하는, 한라산 다음으로 높은 산이다. 산세가 웅장하고 수려하며 갖가지 야생 동물의 서식지이고 산사와 귀중한 문화유산을 고루 갖추고 있다고 한다. 또한 섬진강과 계곡을 붉게 물들이는 붉은 철쭉, 그리고 절묘한 폭포 등이 아름다움을 더해 주는 곳으로도 유명하다.

차는 점점 산속 깊은 곳을 향하여 달렸다. 왼쪽 골짜기의 폭이 넓은 개울에는 군데군데 큼직한 치마바위를 안고 맑은 물이 흐르고 있었다. 드디어 안개 속에 지리산이 바로 앞에 보이기 시작했다. 버스가 서서히 산을 오를 때 가까이 보니 유난히 넓적넓적한 잎사귀들을 마치 두 손으로 받쳐 든 듯한 나무들이 숲을 이루고 있었다. 이름 모를 하얀 꽃을 머리에 가득 이고 아름답게 나무들이 줄서 있었다. 차가 안개 속을 헤치며 귀가 먹먹해 지도록 높이 산을 오르고 있는데도 산길은 오르고 있음을 전혀 느끼지 못할 만큼 완만하게 잘 닦여져 있었다. 안개 속에 은은하게 펼쳐진 산 등성이는 마치 꿈속을 헤매고 있는 듯이 신비롭기까지 했다.

노고단 주차장에서 내린 우리는 먹을거리를 하나씩 받아들고 가까운 나무 그늘 아래 마련된 평상을 찾아서 자리를 잡았다. 한 여름도 중턱에 걸려 있는 이때, 온통 눈에 보이는 것은 푸름뿐이다.

도시락을 펴 보니 무엇보다 커다란 풋고추와 고추장이 허기진 입맛을 돋웠다. 식사 후 나는 계속하여 산을 올랐다. 노고단 휴게소로 가는 지름길은 나무로 된 계단과 넓적한 돌들로 등산로가 잘 다듬어져 있어서 오르기에 큰 불편함이 없었다. 노고단 대피소에는 시인마을이란 현판이 걸린 작은 통나무집이 있었다. 그곳에는 김소월, 박목월, 윤동주 외에 유명한 여러 시인들의 시가 10여 권의 작은 책자로 묶여져 있었다.

자연과 세상을 노래한 이들의 시집들은 각 국립공원 시인마을마다 비치되어 일상사에 지친 탐방객들의 마음을 위로해 주고 있다고 한다. 나는 작은 의자에 몸을 의지하고 몇 권의 시집을 조용히 들추며 읽어 나갔다. 따뜻한 온기가 마음 한구석에 와서 닿는 것 같았다. 아름다운 자연 속에서 시 한 편을 만날 수 있다는 것은 가슴 설레는 일이 아닐 수 없다.

그곳에서 나와 보니, 안개비가 촉촉이 내리고 있었다. 우리 일행은 소리 없이 내리는 안개비를 맞으며 산길을 내려와 화개장터로 이동했다. 화개장터에는 온갖 먹을거리 등이 다양하고 풍족했으며 사람들의 인심 또한 후하였다.

창조주의 위대한 손길에 의해 탄생된 이 대자연을 가까이 하면서 이 여름 모든 사람들의 마음에도 이 풍요로움과 넉넉함이 가득 채워지기를 기원해 본다.